Manoj Deka

Uma abordagem à investigação do discurso

Manoj Deka

Uma abordagem à investigação do discurso

Conceção e desenvolvimento de corpora de fala anotados com referência a uma língua indiana

ScienciaScripts

Cover image: www.ingimage.com

This book is a translation from the original published under ISBN 978-3-659-67587-4.

Publisher:
Sciencia Scripts
is a trademark of
Dodo Books Indian Ocean Ltd. and OmniScriptum S.R.L publishing group

120 High Road, East Finchley, London, N2 9ED, United Kingdom
Str. Armeneasca 28/1, office 1, Chisinau MD-2012, Republic of Moldova, Europe
Printed at: see last page
ISBN: 978-620-8-08752-4

Índice:

Capítulo 1

TENDÊNCIAS E TÉCNICAS NA INVESTIGAÇÃO SOBRE O DISCURSO

1.1: INTRODUÇÃO:

A fala é o principal meio de comunicação entre os seres humanos. A análise, a síntese e o reconhecimento da fala humana por máquinas, durante as últimas décadas, têm sido objeto de grande investigação. A investigação sobre o sinal de fala tem vindo a tornar-se um desafio e uma promessa para os cientistas e investigadores durante um longo período de tempo, devido à curiosidade tecnológica sobre o mecanismo de realização mecânica das capacidades da fala humana e ao desejo de realizar automaticamente tarefas simples de processamento da fala. Com o rápido desenvolvimento das tecnologias da informação (TI), a comunicação homem-máquina, utilizando a fala natural, tem recebido grande atenção das comunidades académica e empresarial. O desenvolvimento de um sistema capaz de compreender a linguagem natural tem sido um objetivo permanente dos investigadores da fala. Uma das propostas da tecnologia da informação é estabelecer a interação homem-máquina através da linguagem natural. Um sistema compreende uma linguagem natural se se comportar, tomando uma ação previsivelmente correta e aceitável, em resposta à entrada da linguagem natural.

As línguas naturais contêm um número infinito de frases. Para além disso, a linguagem natural tem de ser ambígua. Muitas palavras podem ter vários significados. Além disso, a mesma palavra ou frase pode ter significados diferentes em contextos diferentes. Estas caraterísticas tornam difícil a conceção de um sistema capaz de compreender a linguagem natural. Para compreender o significado de uma língua natural, o sistema deve ter conhecimentos linguísticos dessa língua. Um programa de compreensão linguística que tenha conhecimentos adequados sobre a estrutura da língua, ou seja, palavras, frases e sentenças, deve conhecer o significado da frase e o contexto em que está a ser utilizada. Os conhecimentos linguísticos necessários para compreender a língua natural são classificados do seguinte modo

Fonológico: Este conhecimento relaciona os sons com as palavras que reconhecemos.

Morfológico: É um conhecimento lexical que diz respeito à construção de palavras a partir de unidades básicas chamadas morfemas.

Sintático: O conhecimento sintático relaciona ou define a forma como as palavras são colocadas juntas ou estruturadas para formar uma frase gramaticalmente correta numa língua.

Semântica: Este conhecimento diz respeito ao significado das palavras e das frases e à forma como estas se combinam para formar o significado das frases.

Pragmática: O conhecimento pragmático relaciona-se com a utilização de frases em diferentes contextos. Significa também a forma como os contextos afectam o significado das frases.

Mundo: Trata-se de um tipo de conhecimento relacionado com a língua que um utilizador pode falar, compreender e continuar a falar. Inclui também uma compreensão das crenças e objectivos da outra pessoa.

1.2: SOM DO DISCURSO:

O discurso é produzido como uma sequência de sons. Existem várias formas de classificar os acontecimentos na fala. Com base nos estados, nomeadamente o estado de produção da fala - as cordas vocais -, existem três tipos de classificações:

1.2.1: Silêncio (S) : Não é produzida qualquer fala

1.2.2: Sem voz (U) : As cordas vocais não estão a vibrar

1.2.3: Vozeado (V) : As cordas vocais estão tensas e a vibrar periodicamente.

Um som pode ser descrito em termos dos movimentos dos órgãos da fala, da natureza do som que é produzido e das caraterísticas percebidas por um ouvinte. É essencial estabelecer uma forma de significar os enunciados falados como um conjunto de símbolos que representam os sons produzidos. Os sons, conhecidos como 'consoantes', são descritos principalmente em termos da sua articulação, enquanto os sons das 'vogais' são os dominantes das impressões auditivas [1]. É referido [2] que, pelo movimento dos músculos respiratórios, "nada menos que uma sílaba pode ser produzida".

1.2.4: Sons das vogais: As vogais podem ser definidas com uma aproximação aberta sem qualquer obstrução, parcial ou completa, na passagem do ar. Em fonética, são designadas por **vozeadas**.

No sentido de um sistema prático de reconhecimento da fala, os sons das vogais são os mais importantes. Os sons das vogais são produzidos pela excitação de uma forma essencialmente fixa do trato vocal com impulsos quase periódicos de ar causados pela vibração das cordas vocais. A forma como a área da secção transversal varia ao longo do trato vocal determina as frequências de ressonância (formantes) do trato e, consequentemente, o som que é produzido. O som da vogal que é produzido é determinado principalmente pela posição da mandíbula, dos lábios e do velum. Os sons das vogais têm uma duração longa (em comparação com os sons das consoantes) e são espectralmente bem definidos. Como tal, são reconhecidos de forma fácil e fiável e contribuem significativamente para o reconhecimento da fala, tanto por humanos como por máquinas.

1.2.5: Sons consonantais: Na Índia antiga, a consoante era definida como um som produzido com a ajuda de uma vogal [3]. De acordo com a maioria dos foneticistas e linguistas modernos, as consoantes podem ser definidas como um som que é produzido por uma paragem ou paragem parcial da respiração, ou seja, na produção de uma consoante o movimento do ar dos pulmões é parcial ou totalmente obstruído como resultado de um estreitamento ou de um fecho completo da passagem de ar [4].

1.2.6: Sílabas: As sílabas são as unidades ou secções em que se dividem as palavras quando se pronunciam. É uma unidade de pronúncia constituída por uma vogal isolada ou uma vogal com uma ou mais vogais ou consoantes. Numa sílaba, uma vogal aparece como núcleo e uma consoante aparece no início ou no fim. Se uma consoante aparece no final de uma sílaba, então é chamada de **consoante detenção**. Uma consoante que aparece no início da sílaba é chamada **consoante de libertação**. Estas consoantes são também referidas como **elementos marginais** que podem ocorrer antes ou depois do núcleo, ou antes e depois do núcleo. Também pode haver um grupo de duas ou três consoantes antes e/ou depois do núcleo. Na produção da fala, o ar dos pulmões não sai num fluxo contínuo a uma pressão constante. Os músculos do tórax empurram o ar para fora em pequenas baforadas, aproximadamente cinco vezes por segundo. Cada sopro de ar produz uma sílaba. Com base no número de sílabas, as palavras são classificadas em monossilábicas, dissilábicas e polissilábicas.

1.2.7: Fonemas: O número de sons da fala linguisticamente distintos (fonemas) numa língua é muitas vezes uma questão de julgamento. O fonema pode ser definido como uma unidade linguística tal que, se um fonema for substituído por outro numa palavra, o significado dessa palavra muda. A maioria dos linguistas considera o fonema como uma das unidades básicas da língua.

No final da década de 1870, o termo fonema foi introduzido pela primeira vez, nomeadamente por Kruszewski. Mas mais tarde, em 1927, Sapir contribuiu com os trabalhos mais notáveis sobre fonemas. Os outros foneticistas proeminentes, que lançaram luz sobre o conceito de fonema, são Louis Jhelmslev, Bloomfield, Trubetzkoy, Daniel Jones, Roman Jakobson e Pike.

De acordo com Bloomfield, o fonema é a unidade mínima de caraterística sonora distintiva. O fonema é também definido como a unidade mais pequena da fala que distingue uma unidade de outra, em todas as variações que apresenta na fala de uma pessoa ou de um dialeto, como resultado de influências modificadoras, tais como sons vizinhos ou stress. De acordo com Dorfman [1], um fonema é um som da fala ou um grupo de sons da fala semelhantes ou relacionados que funcionam de forma análoga numa língua, e geralmente representados na escrita pela mesma letra, com ou sem sinais diacríticos.

1.3: IMPORTÂNCIA DA INVESTIGAÇÃO NO DOMÍNIO DA FALA:

[st]Um dos apelos mais fortes do século XXI é a comunicação sem barreiras linguísticas e a subida na cadeia do conhecimento. A comercialização das tecnologias linguísticas em produtos e serviços é uma necessidade para beneficiar as pessoas de todos os cantos de uma sociedade. No contexto atual, é urgentemente necessário ministrar educação e formação, de preferência na língua local/regional, a fim de manter a harmonia social e a homogeneidade. A heterogeneidade linguística é um problema global que impede que todos os benefícios das tecnologias da informação (TI) cheguem às nossas portas.

Num país multilingue como a Índia, todos os organismos literários, tecnocratas, decisores políticos, intelectuais e o Governo devem prestar a atenção necessária ao desenvolvimento de tecnologias linguísticas e de fala necessárias para apoiar as línguas locais/regionais. Os esforços já envidados pelos investigadores indianos no domínio da fala devem consolidar-se gradualmente no sentido de facilitar o processo de transferência das tecnologias da língua/fala para a indústria.

1.4: BREVE HISTORIAL DA INVESTIGAÇÃO SOBRE O DISCURSO:

A noção de representação de um sinal de fala é central em quase todas as áreas de investigação da comunicação vocal. Muitas vezes, a forma de representação do sinal de fala está implícita na formulação de um problema ou na conceção de um sistema [5, 6]. Existem vários métodos de processamento digital de sinais para representar a fala [6]. No passado recente, os trabalhos preliminares sobre o processamento da fala das principais línguas do mundo começaram com a representação digital dos sinais de fala [6, 7, 8, 9]. A investigação no domínio do reconhecimento automático da fala por máquina foi relatada pela primeira vez na década de 1950. Em 1952, nos Laboratórios Bell, Davis, Biddulph e Balashek [10] construíram um sistema de reconhecimento de dígitos isolados para um único locutor. Em 1956, nos Laboratórios RCA, Olson e Belar [11] desenvolveram um sistema para reconhecer 10 (dez) sílabas distintas para um único locutor. Suzuki e Nakata [12], do Radio Research Laboratories em Tóquio, desenvolveram um reconhecedor de vogais em hardware em 1961. Sakai e Doshita [13], da Universidade de Quioto, apresentaram um reconhecedor de dígitos em 1963. Nagata et al [14] dos Laboratórios NEC, Martin et al [15] relataram a não uniformidade das escalas temporais em eventos de fala. Durante a década de 1960, Vintsyuk [16] propôs métodos de programação dinâmica para o alinhamento temporal de um par de enunciados de fala. Este trabalho permaneceu desconhecido até ao início da década de 1980. Uma das principais realizações da década de 1960 foi a investigação pioneira de Reddy [17] no reconhecimento da fala contínua através do rastreio dinâmico de fonemas. As tarefas de reconhecimento foram levadas mais longe para alcançar a identidade absoluta do discurso e dos oradores, incluindo o sexo, por Itakura [18] aplicando a técnica de codificação preditiva linear (LPC), Sakoe e Chiba [19] através da programação dinâmica e Velichko e Zagokuyka [20] através da utilização da técnica de reconhecimento de padrões. Durante a década de 1970, a IBM deu um contributo notável para a investigação no domínio do reconhecimento da fala [14, 15].

No final da década de 1980, a tecnologia relacionada com a fala estava sobretudo confinada ao domínio do reconhecimento da fala. Mas, com o advento da investigação no domínio da fala, registou-se uma mudança notável na tecnologia, que passou de uma abordagem baseada em modelos para um método estatístico, ou seja, o modelo de Markov oculto (HMM) [15, 16] e as redes neuronais. A partir da década de 1990, a investigação sobre o reconhecimento da fala assume uma nova dimensão [21]. Para além da tarefa de reconhecimento, ou seja, o reconhecimento dos contextos das palavras, também a prosódia e a assinatura pessoal foram consideradas. Apesar de todas estas realizações, tal como referido anteriormente, o problema da tarefa de reconhecimento da fala está longe de estar completamente resolvido. A maior parte das aplicações descritas por diferentes trabalhadores, embora pareçam impressionantes, são computacionalmente intensivas. Assim, para tornar a tarefa de reconhecimento mais eficaz, com a sua ampla utilização, é necessário desenvolver algoritmos e técnicas mais eficazes.

1.5: DIFICULDADES DA INVESTIGAÇÃO SOBRE A FALA:

As dificuldades associadas à tarefa de análise e reconhecimento da fala podem ser melhor descritas em termos dos seguintes atributos que devem ser realizados:

Número de oradores: Com mais do que um orador, um sistema ASR (Reconhecimento Automático do Discurso) tem de lidar com os difíceis problemas da variabilidade do discurso de um orador para outro. Isto é normalmente conseguido através da utilização de uma grande base de dados de fala como dados de treino.

Natureza do enunciado: O reconhecimento de palavras isoladas limita os oradores a introduzir pausas artificiais entre enunciados sucessivos. Os sistemas de reconhecimento do discurso contínuo são capazes de lidar com enunciados naturais em que as palavras podem estar ligadas entre si e, por vezes, ser fortemente afectadas pela co-articulação. O sistema de reconhecimento do discurso espontâneo permite a possibilidade de pausas e falsos começos nos enunciados.

Tamanho do vocabulário: Em geral, a eficiência do reconhecimento diminui com o aumento do tamanho do vocabulário.

Complexidade da língua: Ao limitar o número de enunciados possíveis através da imposição de regras sintácticas e semânticas, a tarefa do reconhecedor de fala contínua pode ser simplificada.

Condições ambientais: O desempenho de um sistema de reconhecimento pode degradar-se drasticamente devido à presença de ruído, à distorção do sinal e à variabilidade do meio de transmissão.

Um dos aspectos mais difíceis da investigação em análise da fala é a sua natureza interdisciplinar. As várias disciplinas que estão associadas a um ou mais problemas de análise da fala são: **processamento de sinais, acústica, linguística, informática, eletrónica e instrumentação, psicologia,** etc.

1.6: ABORDAGENS NA INVESTIGAÇÃO DA FALA:

Basicamente, existem três abordagens principais de análise e reconhecimento da fala [19], tais como a **abordagem fonética acústica** - em que se assume que as unidades fonéticas são amplamente caracterizadas por um conjunto de caraterísticas, tais como **a frequência dos formantes, o coeficiente cepstral e o pitch**. Estas caraterísticas são extraídas do sinal de fala e são utilizadas para segmentar e etiquetar a fala para análise e síntese.

A segunda abordagem - **a abordagem de reconhecimento de padrões** - não requer um conhecimento explícito do discurso. As técnicas populares de reconhecimento de padrões incluem **a correspondência de modelos, o modelo oculto de Markov** (HMM) e a **rede neural artificial** (RNA).

A terceira, conhecida como **abordagem de inteligência artificial**, mecaniza o processo de reconhecimento de acordo com a forma como uma pessoa aplica a sua inteligência para visualizar, analisar e, finalmente, tomar uma decisão sobre as caraterísticas acústicas medidas. Nas línguas Assamês, Bodo e Rabha, que são as três principais línguas do vale do Brahmaputra, no nordeste da Índia, ainda não foram efectuados muitos trabalhos com base numa plataforma científica adequada. No caso da língua assamesa, Basanti Devi

[22] efectuou um estudo sobre o impacto da voz no comprimento das vogais com a ajuda da análise espectrográfica. Talukdar et al [23] efectuaram um estudo científico sobre a análise, a síntese e o reconhecimento dos discursos em assamês, rabha e bodo.

Destas três abordagens, a abordagem de reconhecimento de padrões é amplamente utilizada para o reconhecimento da fala por três razões:

(i) Simplicidade de utilização

(ii) Robustez e invariância em relação a diferentes vocabulários de fala, utilizadores, conjuntos de caraterísticas, algoritmos de comparação de padrões e regras de decisão

(iii) Alto desempenho comprovado

1.7: TÉCNICAS DE PROCESSAMENTO DE SINAIS DA FALA:

1.7.1: Processamento digital de sinais (DSP): É o método mais comummente utilizado na tarefa de processamento de sinais de voz. Converte a forma de onda da fala para algum tipo de representação paramétrica (geralmente, a uma taxa de informação consideravelmente mais baixa) para análise e processamento posteriores [6]. O processamento digital de sinais envolve a transformação, a manipulação, o processamento, a delimitação e a representação do sinal original.

Existe uma vasta gama de possibilidades para representar parametricamente o sinal de voz. Estas incluem a energia de curto prazo, as taxas de passagem por zero, as taxas de passagem de nível e outros parâmetros relacionados. Provavelmente, a representação paramétrica mais importante da fala é o envelope espetral de curto prazo. Os métodos de análise espetral são geralmente considerados como o núcleo do front end de processamento de sinal num sistema de análise da fala. Assim, são utilizados vários métodos digitais para uma codificação e transmissão eficientes dos sinais de voz. As razões para a utilização de métodos digitais são as seguintes:

(i) Os efeitos de degradação devidos ao ruído e às interferências podem ser controlados.

(ii) Com a tecnologia VLSI, o custo e o tamanho do hardware são acessíveis e mais adequados.

1.6.2: Análise da Transformada de Fourier: A análise do espetro de potência a curto prazo é uma das técnicas mais importantes para o processamento da fala. O pressuposto fundamental de um método de análise de curto prazo é que - durante um longo intervalo de tempo, o sinal de fala é não-estacionário, mas durante um intervalo de tempo muito curto pode ser considerado estacionário. Para o processamento da fala, queremos assumir o sinal como estacionário num curto espaço de tempo e efetuar a transformada de Fourier nestes pequenos blocos. Isto pode ser feito multiplicando o sinal por uma função de janela que é zero fora de um intervalo definido. A multiplicação do sinal por uma função de janela no domínio do tempo é o mesmo que convolver o sinal no domínio da frequência. A análise espetral é efectuada tanto no domínio do tempo como no domínio da frequência. Existem dois métodos que são normalmente utilizados para implementar a análise de Fourier a curto prazo. O primeiro é um banco de filtros passa-banda e pode ser implementado com uma precisão e flexibilidade ainda maiores com filtros digitais. O segundo é o algoritmo da transformada rápida de Fourier (FFT), que é digital e não tem equivalente analógico. O método FFT é geralmente computacionalmente superior ao método do banco de filtros quando é implementado num computador.

1.6.3: Método de Codificação Preditiva Linear (LPC): O método LPC de análise e síntese da fala baseia-se no princípio da previsão linear, que é um aspeto importante da análise de séries temporais. A previsão linear é uma análise de domínio de auto-correlação e é por isso que pode ser aplicada a partir do domínio do tempo ou da frequência. O critério de erro dos mínimos quadrados no domínio do tempo traduz-se em critérios de correspondência espetral no domínio da frequência. Devido à exatidão e rapidez de cálculo, estes métodos são muito apreciados [5]. A ideia básica por detrás do modelo LPC é que - uma dada amostra de fala pode ser aproximada como uma combinação linear das p amostras de fala anteriores. Ao minimizar as diferenças quadráticas entre as amostras de fala actuais e as amostras previstas linearmente, é possível determinar os coeficientes de previsão, os coeficientes de ponderação das combinações lineares [5]. A seguir estão algumas das razões pelas quais o LPC é amplamente utilizado num sistema de processamento de fala:

(a) O LPC fornece um bom modelo para o sinal de fala. Isto é especialmente verdade para todas as regiões vocais quase estáveis da fala, nas quais o modelo de todos os pólos do LPC fornece uma boa aproximação ao envelope espetral do trato vocal. Durante as regiões sem voz e transientes da fala, o modelo LPC é menos eficaz do que nas regiões com voz, mas continua a ser um modelo útil para efeitos de reconhecimento da fala.

(b) A forma como o LPC é aplicado à análise de sinais de fala conduz a uma separação razoável do trato vocal da fonte. Como resultado, torna-se possível uma representação parcimoniosa das caraterísticas do trato vocal (que sabemos estarem diretamente relacionadas com o som da fala que está a ser produzido).

(c) O LPC é um modelo analiticamente tratável. O método do LPC é matematicamente preciso e é simples e direto de implementar em software ou hardware. A computação envolvida no processamento do LPC é consideravelmente menor do que a necessária para uma implementação alldigital do modelo de banco de filtros.

(d) O modelo LPC funciona bem em aplicações de reconhecimento. O desempenho do reconhecimento de fala, baseado em front ends LPC, é comparável ou melhor do que o de reconhecedores baseados em front ends de banco de filtros [20].

1.6.4: Reconhecimento de voz baseado no modelo de Markov oculto (HMM):

Os sistemas modernos de reconhecimento de voz de uso geral são geralmente baseados em modelos de Markov ocultos. Estes são modelos estatísticos que produzem uma sequência de símbolos ou quantidades. Uma possível razão pela qual os HMM são utilizados no reconhecimento da fala é o facto de um sinal de fala poder ser visto como um sinal estacionário por partes ou como um sinal estacionário a curto prazo. Ou seja, poder-se-ia assumir que, num curto espaço de tempo, da ordem dos 10 milissegundos, a fala poderia ser aproximada como um processo estacionário. A fala pode assim ser considerada como um modelo de Markov para muitos processos estocásticos.

Outra razão pela qual os HMM são populares é o facto de poderem ser treinados automaticamente e de a sua utilização ser simples e computacionalmente viável. No reconhecimento da fala, o modelo oculto de Markov produziria uma sequência de vectores de valor real *n-dimensionais* (sendo n um número inteiro pequeno, como 10), produzindo um destes vectores a cada 10 milissegundos. Os vectores consistiriam em coeficientes cepstrais, que são obtidos tomando uma transformada de Fourier de uma janela temporal curta da fala e descorrelacionando o espetro utilizando uma transformada cosseno, tomando depois os primeiros coeficientes (mais significativos). O modelo de Markov oculto tenderá a ter, em cada estado, uma distribuição estatística que é uma mistura de gaussianas de covariância diagonal que dará probabilidade a cada vetor observado. Cada palavra, ou (para sistemas de reconhecimento de fala mais gerais), cada fonema, terá uma distribuição de saída diferente; um modelo de Markov oculto para uma sequência de palavras ou fonemas é feito concatenando os modelos de Markov ocultos treinados individualmente para as palavras e fonemas separados.

Os elementos fundamentais da abordagem mais comum do reconhecimento da fala, baseada no HMM, são descritos acima. Os sistemas modernos de reconhecimento da fala utilizam várias combinações de uma série de técnicas padrão para melhorar os resultados em relação à abordagem básica descrita acima. Um sistema típico de grande vocabulário necessitaria de dependência de contexto para os fonemas (de modo a que os fonemas com contextos diferentes à esquerda e à direita tenham realizações diferentes como estados HMM); utilizaria a normalização cepstral para normalizar as diferentes condições de locutor e de gravação; para uma maior normalização do locutor, poderia utilizar a normalização do comprimento do trato vocal (VTLN) para a normalização homem-mulher e a regressão linear de máxima verosimilhança (MLLR) para uma adaptação mais geral do locutor. As caraterísticas teriam os chamados coeficientes delta e delta-delta para captar a dinâmica da fala e, além disso, poderiam utilizar a análise discriminante linear heteroscedástica (HLDA); ou poderiam ignorar os coeficientes delta e delta-delta e utilizar a junção e uma projeção baseada na LDA seguida, talvez, da análise discriminante linear heteroscedástica ou de uma transformada de covariância global semi-amarrada (também conhecida como transformada linear de máxima verosimilhança, ou MLLT). Muitos sistemas utilizam as chamadas técnicas de formação discriminativa que dispensam uma abordagem puramente estatística da estimativa dos parâmetros HMM e, em vez disso, optimizam alguma medida relacionada com a classificação dos dados de formação. Exemplos disso são a Informação Mútua Máxima (MMI), o Erro Mínimo de Classificação (MCE) e o Erro Telefónico Mínimo (MPE). A descodificação da fala é normalmente efectuada utilizando o algoritmo de Viterbi para encontrar o melhor caminho, permitindo depois escolher entre a criação dinâmica de um modelo oculto de Markov combinado que inclua as informações dos modelos acústico e linguístico ou a sua combinação estática prévia (a abordagem do transdutor de estado finito, ou FST).

1.6.5: Quantização vetorial (VQ):

A Quantização Vetorial (QV) é o processo onde um sinal contínuo é aproximado a uma representação digital (quantização), considerando um conjunto de parâmetros para modelar um padrão de dados completo (vetor). O campo da VQ está fortemente relacionado com a redução do número de bits necessários para converter sinais analógicos considerando a distorção. As técnicas de Quantização Vetorial são utilizadas em aplicações de tecnologia da fala para uma codificação eficiente, extração de caraterísticas e reconhecimento de padrões. Um Quantizador Vetorial é implementado num ambiente de reconhecimento de fala de acordo com o seguinte algoritmo:

a. Formular o problema

b. Medida de possíveis distorções
c. Conceber o livro de códigos necessário
d. Consideração das restrições computacionais e de armazenamento, e
e. Simulação e desenvolvimento do modelo VQ necessário.

As principais vantagens da representação VQ em relação às tarefas de análise e reconhecimento de fala são

Armazenamento eficiente de informações relevantes: A redução da dimensionalidade dos padrões de fala e do comprimento dos conjuntos de treino, conseguida através da VQ, é muito importante para otimizar o armazenamento e a transmissão de sinais.

Geração de conjuntos de treino reduzidos: A geração de livros de códigos reduzidos (conjuntos de treino) para representar a informação da fala tem uma implicação direta nas respostas de recuperação rápida e nas restrições de memória dos reconhecedores de fala. As representações de Quantização Vetorial optimizaram assim a determinação das semelhanças entre um par de vectores através de tabelas de pesquisa simples de palavras-código.

Processo de etiquetagem simplificado: O processo de etiquetagem pode ser feito facilmente utilizando técnicas de Quantização Vetorial. A associação de uma classe fonética, diretamente a cada palavra-código, é equivalente à atribuição de uma etiqueta fonética a cada frame de fala.

As desvantagens da Quantização Vetorial podem ser explicadas da seguinte forma: **Distorção:** A codificação da informação por quantização vetorial acarreta uma distorção implícita do sinal original devido a restrições de quantização, ou seja, aumentos quantizados, erros de quantização, etc. medida que o número de bits utilizados para representar um padrão diminui, o erro de quantização aumenta.

Armazenamento do livro de códigos: A seleção de um número adequado de palavras-código é frequentemente um compromisso difícil de estabelecer entre precisão e velocidade de armazenamento.

1.6.6: Reconhecimento de voz baseado na deformação dinâmica do tempo (DTW):

A distorção dinâmica do tempo é uma abordagem que foi historicamente utilizada para o reconhecimento da fala, mas que foi agora largamente substituída pela abordagem mais bem sucedida baseada no HMM. A distorção dinâmica do tempo é um algoritmo para medir a semelhança entre duas sequências que podem variar no tempo ou na velocidade. Por exemplo, seriam detectadas semelhanças nos padrões de marcha, mesmo que num vídeo a pessoa estivesse a andar lentamente e noutro estivesse a andar mais depressa, ou mesmo que houvesse acelerações e desacelerações no decurso de uma observação. A DTW tem sido aplicada a vídeo, áudio e gráficos. De facto, qualquer dado que possa ser transformado numa representação linear pode ser analisado com a DTW.

Uma aplicação bem conhecida é o reconhecimento automático da fala, para fazer face a diferentes velocidades de fala. Em geral, é um método que permite a um computador encontrar uma correspondência óptima entre duas sequências dadas (por exemplo, séries cronológicas) com certas restrições, ou seja, as sequências são "deformadas" de forma não linear para corresponderem uma à outra. Este método de alinhamento de sequências é frequentemente utilizado no contexto dos modelos ocultos de Markov.

1.6.7: Análise de componentes independentes (ICA):

A Análise de Componentes Independentes (ICA) é um método recentemente desenvolvido em que o objetivo é encontrar uma representação linear de dados não-nãoaussianos de modo a que os componentes sejam estatisticamente independentes, ou tão independentes quanto possível. A partir do modelo ICA, os componentes independentes podem ser estimados a partir de misturas lineares sem mais pressupostos do que a sua independência. Esta representação parece captar a estrutura essencial dos dados em muitas aplicações, incluindo a extração de caraterísticas e a separação de sinais [21]. Este método tem a caraterística única de separar fontes independentes de dados linearmente misturados, e pertence à classe dos modelos lineares gerais. O modelo generativo do ICA pode ser expresso como x[t] =As[t] em que s[t] é um vetor que contém os componentes com dados de amostra indexados por t, A é uma matriz não-singular e x[t] são as observações resultantes [24]. A estimativa é normalmente efectuada em modo descontínuo em todas as amostras observadas.

Até à data, a ICA tem sido aplicada a problemas de **separação cega de sinais** [21], como a separação som/imagem. Por outro lado, a extração de caraterísticas de imagens e sons também tem sido focada como uma das aplicações proeminentes da ICA [24]. Vários investigadores extraíram vectores de caraterísticas de sinais de fala usando ICA, e mostraram que estes vectores de caraterísticas tinham maior precisão de reconhecimento em comparação com outros métodos [25, 26, 27, 28, 29, 30, 31]. Herault e Jutter [21] apresentaram um algoritmo geral derivado de PCA (Principal Component Analysis) que lida com estatísticas de 2ª ordem. Em 1983, o problema da ACI foi abordado e foi proposto um algoritmo iterativo em tempo real [21]. Em 1986, o nome ICA tornou-se realidade [32]. No entanto, nessa altura, as estatísticas de ordem superior e os cumulantes não foram introduzidos explicitamente. Tecnicamente, a ICA é uma generalização da PCA que descorrelaciona os momentos de ordem superior das caraterísticas até à ordem do infinito. O algoritmo de ponto fixo foi apresentado por Hyvarinen [30], conhecido como FASTICA. Awasthy, N., Saini, J.P., Chauhan, D. S. [25], estudaram as caraterísticas espectrais da fala para um único locutor, para múltiplos enunciados e para um único enunciado, para múltiplos locutores. Testaram separadamente as três abordagens seguintes:

[a] Caraterísticas padrão do MFCC.

[b] ICA para deteção de caraterísticas da fala

[c] Cepstrais LPC ponderadas passadas por ICA para deteção de caraterísticas da fala.

Referiram que o desempenho obtido através da terceira abordagem, ou seja, os coeficientes LPC, é melhor do que qualquer um dos dois algoritmos, ou seja, MFCC ou ICA, separadamente. Referiram que, para a identificação dos mesmos alfabetos, os erros diminuíram, ao passo que, para alfabetos diferentes, o erro é superior ao das duas abordagens anteriores. Um estudo semelhante foi efectuado por Lee, Jung, Lee T. W., Lee, S. Y. no ano 2000 [33]. Estes autores propuseram novas caraterísticas para o reconhecimento da fala utilizando o algoritmo de maximização da informação ICA. O ICA é aplicado para extrair caraterísticas que codificam eficientemente os sinais de fala. As novas caraterísticas demonstraram um melhor desempenho de reconhecimento do que as caraterísticas padrão MFCC [33]. Assim, a extração de caraterísticas utilizando o ICA pode ser uma das melhores técnicas para o reconhecimento da fala.

1.6.8: Rede Neural:

O estudo das redes neuronais artificiais foi inicialmente inspirado pela neurobiologia, mas desde então tornou-se um domínio muito interdisciplinar, abrangendo também a informática, a engenharia eletrotécnica, a matemática, a física, a psicologia e a linguística. Alguns investigadores continuam a estudar a neurofisiologia do cérebro humano, mas atualmente a atenção está centrada nas propriedades gerais da computação neuronal, utilizando modelos neuronais simplificados. Estas propriedades incluem:

Capacidade de treino: As redes podem ser ensinadas a formar associações entre quaisquer padrões de entrada e saída. Isto pode ser utilizado, por exemplo, para ensinar a rede a classificar padrões de fala em categorias de fonemas.

Generalização: As redes não se limitam a memorizar os dados de treinamento; elas aprendem os padrões subjacentes, para que possam generalizar a partir dos dados de treinamento para novos exemplos. Isto é essencial no reconhecimento de fala, porque os padrões acústicos nunca são exatamente os mesmos. **Não-linearidade**: As redes podem calcular funções não-lineares e não-paramétricas de sua entrada, o que lhes permite realizar transformações arbitrariamente complexas dos dados. Isto é útil porque a fala é um processo altamente não linear.

Robustez: As redes são tolerantes tanto a danos físicos como a dados ruidosos; de facto, os dados ruidosos podem ajudar as redes a formar melhores generalizações. Esta é uma caraterística valiosa, porque os padrões de fala são notoriamente ruidosos.

Uniformidade: As redes oferecem um paradigma computacional uniforme que pode facilmente integrar restrições de diferentes tipos de entradas. Isto facilita a utilização de entradas de fala básicas e diferenciais, por exemplo, ou a combinação de pistas acústicas e visuais num sistema multimodal.

Paralelismo: As redes são altamente paralelas por natureza, pelo que se adequam bem a implementações em computadores maciçamente paralelos. Isto permitirá, em última análise, um processamento muito rápido da fala ou de outros dados. Existem muitos tipos de modelos conexionistas, com diferentes arquitecturas, procedimentos de treino e aplicações, mas todos eles se baseiam em alguns princípios comuns.

1.6.8.1: Rede Neural Artificial (RNA):

Uma Rede Neuronal Artificial é constituída por um número potencialmente elevado de elementos de processamento simples (designados por unidades, nós ou neurónios), que influenciam o comportamento uns dos outros através de uma rede de pesos excitatórios ou inibitórios. Cada unidade calcula simplesmente uma soma ponderada não linear das suas entradas e transmite o resultado através das suas ligações de saída para outras unidades. Um conjunto de treino consiste em padrões de valores que são atribuídos a unidades de entrada e/ou saída designadas. medida que os padrões são apresentados a partir do conjunto de treino, uma regra de aprendizagem modifica as forças dos pesos, de modo a que a rede aprenda gradualmente o conjunto de treino. Este paradigma básico pode ser desenvolvido de muitas formas diferentes, de modo a que diferentes tipos de redes possam aprender a calcular funções implícitas de vectores de entrada para vectores de saída, ou a agrupar automaticamente dados de entrada, ou a gerar representações compactas de dados, ou a fornecer memória endereçável por conteúdo e a efetuar o preenchimento de padrões.

O reconhecimento da fala foi, evidentemente, outro campo de ensaio para as redes neuronais. Os investigadores obtiveram rapidamente excelentes resultados em tarefas básicas como a discriminação entre voz e ausência de voz [34], o reconhecimento de fonemas [35] e o reconhecimento de dígitos falados (Franzini et al, 1989).

1.6.8.2: Perceptron de várias camadas (MLP):

Uma MLP é uma rede de *neurónios* denominados ***perceptrões***. O conceito básico de um único perceptron foi introduzido por Rosenblatt em 1958. O perceptron calcula uma única *saída* a partir de múltiplas *entradas de* valor real, formando uma combinação linear de acordo com os seus *pesos* de entrada e, em seguida, possivelmente submetendo a saída a uma função de ativação não linear.

Um único perceptron não é muito útil devido à sua capacidade limitada de mapeamento. Os perceptrões podem, no entanto, ser utilizados como blocos de construção de uma estrutura maior e muito mais prática. Uma rede perceptron *multicamada* (MLP) típica é constituída por um conjunto de nós de origem que formam a ***camada de entrada***, uma ou mais ***camadas ocultas*** de nós de computação e uma ***camada*** de nós de ***saída***. O sinal de entrada propaga-se através da rede, camada a camada. O fluxo de sinal de uma rede deste tipo com uma camada oculta é apresentado na Figura (1.1) [36]. Os cálculos efectuados por uma rede de alimentação com uma única camada oculta com funções de ativação não lineares <p(j) e com uma camada de saída linear podem ser escritos matematicamente da seguinte forma [36],

$$x = f(s) = B\,\varphi\,(As + a) + b \qquad (1.1)$$

onde, s : vetor de entradas

x : vetor das saídas

A : a matriz de pesos da primeira camada, a : o vetor de polarização da primeira camada

B e b : a matriz de pesos e o vetor de polarização da segunda camada, respetivamente

φ : a função denota uma não-linearidade de um elemento.

O poder de uma rede MLP com apenas uma camada oculta é surpreendentemente grande. Hornik et al. e Funahashi mostraram, em 1989 [37, 38], que tais redes, como a que é apresentada na equação (1.1), são capazes de aproximar qualquer função contínua $f : R^n \rightarrow R^m$ de qualquer

A rede MLP pode ser utilizada com uma determinada precisão, desde que esteja disponível um número suficiente de unidades ocultas. As redes MLP são normalmente utilizadas em problemas ***de aprendizagem supervisionada***. Isto significa que existe um conjunto de treinamento de pares de entrada-saída e que a rede deve aprender a modelar a dependência entre eles.

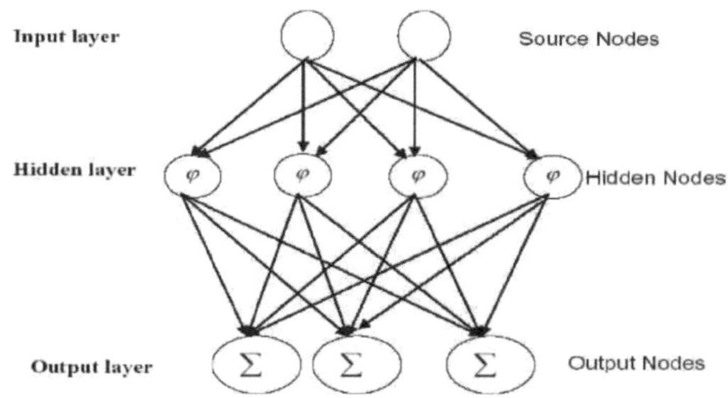

Fig. 1.1: Apresentação de um gráfico de fluxo de sinal típico de uma MLP

O problema de aprendizagem supervisionada do MLP pode ser resolvido com o **algoritmo de retropropagação.** O algoritmo consiste em duas etapas - a passagem para a frente e a passagem para trás. Na **passagem para a frente**, as saídas previstas correspondentes às entradas dadas são avaliadas como na Equação (1.1). Na **passagem para trás**, as derivadas parciais da **função de custo** em relação aos diferentes parâmetros são propagadas de volta através da rede. A regra de diferenciação em cadeia fornece regras computacionais para a passagem para trás muito semelhantes às da passagem para a frente. Os pesos da rede podem então ser adaptados utilizando qualquer algoritmo de otimização baseado em gradientes. Todo o processo é repetido até que os pesos tenham convergido [36].

A rede MLP também pode ser utilizada para **aprendizagem não supervisionada**, utilizando a chamada estrutura ***auto-associativa***. Isto é feito definindo os mesmos valores para as entradas e as saídas da rede. As fontes extraídas emergem dos valores dos neurónios ocultos [39]. Esta abordagem é computacionalmente bastante intensiva. A rede MLP tem de ter pelo menos três camadas ocultas para qualquer representação razoável e o treino de uma rede deste tipo é um processo moroso.

O perceptron de múltiplas camadas (MLP) é uma técnica de classificação de padrões estáticos para problemas de reconhecimento de padrões [40, 41]. Todas as propriedades do MLP são muito úteis para a tarefa de reconhecimento de fala. Pode ter uma ou mais camadas ocultas, consoante a aplicação. Muitas camadas ocultas podem reduzir o desempenho do sistema à medida que a complexidade do sistema aumenta. Elman e Zipser [42] estudaram inicialmente a aplicação do perceptron de múltiplas camadas para classificar unidades de fala pré-segmentadas. Um trabalho semelhante foi feito por Lippmann e Gold [43] para construir um reconhecedor de dígitos falados. O MLP também é aplicado no reconhecimento de vogais [44], de consoantes stop [45], etc.

No presente estudo, para reconhecer os fonemas Bodo, foram utilizadas MLP seguindo a técnica de aprendizagem supervisionada.

1.6.9: Lógica difusa no reconhecimento de fala:

A lógica difusa é uma forma de lógica multivalorada derivada da teoria dos conjuntos difusos para lidar com o raciocínio que é apenas uma aproximação e não uma precisão. Tal como na teoria dos conjuntos difusos os valores de pertença a um conjunto podem variar (inclusivamente) entre 0 e 1, na lógica difusa o grau de verdade de uma afirmação pode variar entre 0 e 1 e não está limitado aos dois valores de verdade {verdadeiro, falso} como na lógica clássica de predicados e, quando são utilizadas variáveis linguísticas, estes graus podem ser geridos por funções específicas. A teoria dos conjuntos difusos foi introduzida pela primeira vez em 1965 por Lotfi Zadeh na Universidade da Califórnia, em Berkeley, e a lógica difusa foi derivada dessa teoria. Tem sido aplicada em diversos domínios, desde a teoria do controlo à inteligência artificial.

1.6.9.1: Variáveis linguísticas difusas:

Enquanto as variáveis em matemática assumem geralmente valores numéricos, nas aplicações da lógica difusa, as variáveis linguísticas não numéricas são frequentemente utilizadas para facilitar a expressão de regras e factos [46]. No entanto, a grande utilidade das variáveis linguísticas é o facto de poderem ser modificadas através de operações linguísticas sobre os termos primários. Por exemplo, se jovem estiver associado ao valor 0,7, então muito jovem é automaticamente deduzido como tendo o valor 0,7 * 0,7 = 0,49. E não muito jovem recebe o valor (1 - 0,49), ou seja, 0,51. Neste exemplo, o operador muito(X) foi definido como X * X. No entanto, em geral, estes operadores podem ser definidos de forma uniforme, mas flexível, para se adequarem à aplicação, resultando num grande poder para a expressão de regras e factos difusos.

1.6.9.2: Um exemplo de raciocínio Fuzzy:

A Teoria dos Conjuntos Fuzzy define Operadores Fuzzy em Conjuntos Fuzzy. O problema na sua aplicação é que o Operador Fuzzy apropriado pode não ser conhecido. Por esta razão, a lógica Fuzzy utiliza normalmente regras IF/THEN, ou construções que são equivalentes, tais como matrizes associativas Fuzzy. As regras são normalmente expressas na forma:

SE a variável está definida ENTÃO a ação

Por exemplo, um regulador de temperatura extremamente simples que utilize uma ventoinha pode ter o seguinte aspeto:

SE a temperatura estiver muito fria ENTÃO parar a ventoinha
SE a temperatura estiver fria, ENTÃO desligue a ventoinha
SE a temperatura for normal ENTÃO manter o nível
SE a temperatura estiver quente, ENTÃO acelera a ventoinha

Não existe um "ELSE". Todas as regras são avaliadas, porque a temperatura pode ser "fria" e "normal" ao mesmo tempo, em graus diferentes. Os operadores AND, OR e NOT da lógica booleana existem na lógica fuzzy, normalmente definidos como mínimo, máximo e complemento; quando são definidos desta forma, são chamados de operadores Zadeh, porque foram definidos pela primeira vez como tal nos trabalhos originais de Zadeh. Assim, para as variáveis fuzzy x e y:

NÃO x = (1 - verdade(x))
x E y = mínimo(verdade(x), verdade(y))
x OU y = máximo(verdade(x), verdade(y))

Em termos de aplicação, as linguagens de programação Matlab e Prolog estão bem adaptadas à implementação da lógica difusa, com a possibilidade de criar uma base de dados de "regras" que são consultadas para deduzir a lógica. Este tipo de programação é conhecido como programação lógica.

1.6.9.3: Lógica Fuzzy Formal:

Na lógica matemática, existem vários sistemas formais que modelam as noções acima referidas de "lógica difusa"; a maior parte deles pertence às chamadas lógicas difusas de norma t. Utilizam um conjunto de operações diferente dos operadores de Zadeh acima referidos.

1.7: OBJECTIVO DO LIVRO:

A parte nordeste da Índia, que inclui os sete estados, pode ser considerada como uma outra Índia em miniatura. Os povos indígenas que vivem em toda a região representam sempre uma tradição mista - tanto a nível linguístico como cultural. A mistura da cultura ariana com as culturas mongolóides deu origem a uma nova cultura. Assim, cada comunidade desta região exibe sempre a sua cultura indígena com diversidade. O objetivo do presente trabalho é estudar as variações fonéticas de diferentes grupos linguísticos sob o efeito da mistura de inomogeneidades culturais dos diferentes grupos étnicos e desenvolver um modelo não paramétrico para o reconhecimento da fala. Também foram desenvolvidos algoritmos para destacar a determinação fonética e de fronteiras de palavras a partir dos sons da fala.

No presente estudo, é criada uma base de dados da língua Bodo. Esta base de dados é designada por Speech Corpus (corpus de fala), que nos pode fornecer os dados necessários para efeitos de investigação da fala. Depois de gerar o corpus de fala, tenta-se desenvolver um modelo de anotação da língua Bodo seguindo uma política específica, designada por política de etiquetagem. Para o desenvolvimento do conversor TTS (Text to speech) a partir do discurso contínuo de uma língua, o papel do modelo de anotação, seguindo a política de etiquetagem para essa língua em particular, é muito importante. Assim, estes corpora de discurso anotado podem ajudar os investigadores na transparência do TTS (Text to Speech) da língua Bodo através da máquina de computação.

1.8: ORGANIZAÇÃO DO LIVRO:

Este livro está organizado em sete capítulos:

=>Capítulo *1:* Neste capítulo, são apresentadas as tendências históricas do avanço da investigação sobre a fala, a técnica de investigação sobre a fala e o objetivo do presente estudo.

=>Capítulo *2:* Este capítulo trata da anatomia do sistema de produção da fala humana.

=>Capítulo *3*: Este capítulo inclui uma breve história da língua Bodo.

=> ***Capítulo 4:*** Este capítulo reflecte pormenores sobre o processo de criação do corpus do discurso.

=>*Capítulo* **5**: Para o desenvolvimento de um conversor TTS (Text to speech) a partir da fala contínua de uma língua, é muito importante o papel do modelo de anotação, seguindo a política de etiquetagem dessa língua específica. No presente trabalho, foi desenvolvido o modelo de anotação da língua Bodo. As técnicas utilizadas para a deteção da fronteira entre palavras e sílabas nas frases em Bodo são ilustradas neste capítulo. Também são propostas regras de silabificação na língua Bodo com referência ao número de fonemas presentes numa palavra.

Capítulo 2

A ANATOMIA DO SISTEMA DE PRODUÇÃO DA FALA HUMANA

2.0: INTRODUÇÃO:

A fala é a forma de vocalização da comunicação humana baseada na combinação sintáctica de léxicos e nomes extraídos de vocabulários muito vastos. O ser humano utiliza o reconhecimento da fala de forma inerente, enquanto ouve ou escuta, para distinguir entre falantes, géneros, idade provável (criança, adulto, idoso), estado de saúde, etc. Até os tipos de animais podem ser identificados pelo ser humano, simplesmente ouvindo os seus sons. Alguns animais utilizam o reconhecimento da voz para diferenciar as fontes sonoras. Por exemplo, os pais dos pinguins conseguem saber qual é o seu pinto bebé através do seu chamamento caraterístico. Do mesmo modo, uma pessoa cega pode classificar corretamente os oradores com base apenas nas suas caraterísticas vocais. Isto deve-se ao facto de o discurso transportar várias informações e ter várias caraterísticas, incluindo o tom, a energia, a potência, etc., que podem ser utilizadas para identificar o orador e o género.

Em geral, o reconhecimento do orador subdivide-se em identificação do orador (quem está a falar?) e verificação do orador (o orador é quem pensamos que é?). Além disso, a identificação do orador pode ser de conjunto fechado (o orador faz sempre parte de um conjunto fechado utilizado para treino) ou de conjunto aberto (pode ser examinado o orador de fora do conjunto de treino). Além disso, cada variante pode ser implementada como dependente do texto (o orador tem de pronunciar uma de um conjunto fechado de palavras) ou independente do texto (o orador pode pronunciar qualquer tipo de discurso). O sistema de produção da fala humana pode ser classificado em vários componentes independentes. Estes incluem: (i) a **traqueia** (ou tubo de vento) através da qual o ar é emitido (originalmente no pulmão), (ii) a **glote** - que é basicamente uma membrana que impõe a voz na fala (para sons sonoros), (iii) a **cavidade oral**, juntamente com a língua, os lábios, etc., que são responsáveis pela modificação do fluxo da fala a partir da glote, (iv) o **velum - um** alçapão para a cavidade nasal, e (v) a **cavidade nasal - responsável** pelos sons nasais. As unidades mais pequenas da fala humana são chamadas **fonemas**. Representam os vários sons que ocorrem na fala. Os fonemas são classificados em vários grupos, consoante a forma como são articulados. Podem ser sonoros ou surdos. Os sons vocálicos são produzidos pelo envolvimento da glote no processo de produção da fala. São quase periódicos e têm uma amplitude de pico a pico relativamente mais elevada e uma energia equivalente. Têm baixas taxas de passagem por zero. As vogais são sons vozeados e as consoantes podem ser vozeadas ou não vozeadas. Ao contrário dos sons vocálicos, os sons não vocálicos não envolvem a participação "ativa" da glote na sua produção. São não-periódicos, com baixa amplitude de pico a pico e alta taxa de cruzamento de zero. São fontes de ruído aleatório. Os fonemas são classificados como vogais ou consoantes. Cada vogal é caracterizada por uma frequência de ressonância específica, denominada **frequência dos formantes**. Os formantes são os componentes de frequência predominantes que caracterizam cada vogal. As caraterísticas de cada vogal dependem principalmente do primeiro e segundo formantes [47]. As consoantes são produzidas pela turbulência do fluxo de ar gerado perto do ponto de constrição do trato vocal causado pela articulação. As consoantes são classificadas principalmente pelo local e pelo modo de articulação. As caraterísticas dos fonemas dependem da periodicidade da forma de onda, do espetro de frequência, da duração, da transição, etc. A diferença na forma de produção do som reflecte-se no movimento do primeiro formante e a diferença no local de articulação reflecte-se na transição dos segundos formantes [47]. É muito difícil definir qualquer correspondência um-para-um entre um fonema e as suas caraterísticas acústicas, mas parece fornecer uma forma simples e direta de estudar as caraterísticas dos fonemas, particularmente das vogais.

2.1: MECANISMO FISIOLÓGICO DA PRODUÇÃO DA FALA:

Os órgãos da fala estão divididos em três grupos principais: **os pulmões**, **a laringe** e **o trato vocal.** Os pulmões actuam como fonte de energia e fornecem fluxo de ar para a fase da laringe do mecanismo de produção da fala. A laringe modula o fluxo de ar dos pulmões e fornece uma fonte de fluxo de ar periódica, semelhante a um sopro ou ruidosa, ao terceiro grupo de órgãos, o trato vocal. O trato vocal consiste nas cavidades oral, nasal e faríngea, dando ao fluxo de ar modulado a sua "cor" através da modelação espetral da fonte. As fontes sonoras também podem ser geradas pelas constrições e limites que são feitos dentro do próprio trato vocal, produzindo, para além de fontes ruidosas e periódicas, uma fonte de fluxo de ar impulsivo [47]. Existem três categorias gerais de fontes para os sons da fala: periódicas, ruidosas e impulsivas, embora as combinações destas fontes estejam frequentemente presentes. Por exemplo, se o locutor pronuncia a palavra "stop" lentamente, o "sh", o "o" e o "p" são gerados a partir de uma fonte ruidosa, periódica e impulsiva, respetivamente [47].

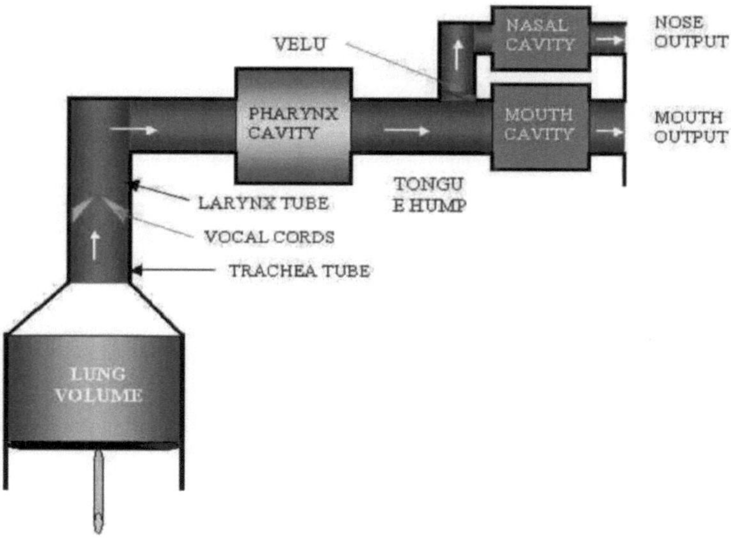

Fig. (2.1): Mecanismo fisiológico da produção da fala

2.1.1: Pulmões: Um dos objectivos dos pulmões é a inalação e a exalação de ar. Quando inspiramos, aumentamos a cavidade torácica expandindo a caixa torácica que envolve os pulmões e baixando o diafragma que se situa na base dos pulmões e separa os pulmões do abdómen; esta ação diminui a pressão do ar no pulmão, fazendo com que o ar entre pelo trato vocal e desça pela traqueia até aos pulmões. A traqueia, por vezes designada por "traqueia", é um tubo com cerca de 12 cm de comprimento e 1,52 cm de diâmetro que vai dos pulmões até à epiglote. A epiglote é uma pequena massa, ou "interrutor", que, durante a deglutição e a alimentação, desvia os alimentos da traqueia. Quando comemos, a epiglote desce, permitindo que os alimentos passem por um tubo chamado esófago e cheguem ao estômago. Quando expiramos, reduzimos o volume da cavidade torácica através da contração dos músculos da caixa torácica, aumentando assim a pressão do ar nos pulmões. Este aumento da pressão atmosférica provoca o fluxo de ar através da traqueia para a laringe.

2.1.2: Laringe: A laringe é um sistema complicado de cartilagens, músculos e ligamentos, cujo objetivo principal, no contexto da produção da fala, é controlar as cordas vocais ou pregas vocais [48]. As pregas vocais são duas massas de carne, ligamento e músculo, que se estendem entre a parte anterior e posterior da laringe. As pregas têm cerca de 15mm de comprimento nos homens e 13mm nas mulheres [47]. A glote é o orifício em forma de fenda entre as duas pregas. As pregas estão fixas na parte da frente da laringe, onde estão ligadas à cartilagem tiroide estacionária. A cartilagem tiroide está localizada na parte anterior e lateral da laringe. As pregas são livres para se moverem na parte posterior e lateral da laringe; estão ligadas às cartilagens aritenóides que se movem num movimento deslizante na parte posterior da laringe juntamente com a cartilagem cricoide. O tamanho da glote é controlado, em parte, pelas cartilagens aritenóides e, em parte, pelos músculos dentro das pregas. Outra propriedade importante das pregas vocais, para além do tamanho da glote, é a sua tensão. A tensão é controlada principalmente pelos músculos dentro das pregas, bem como pela cartilagem em torno das pregas. As pregas vocais, bem como a epiglote, fecham-se durante a alimentação, constituindo assim um segundo mecanismo de proteção. As falsas pregas vocais, acima das pregas vocais, constituem uma terceira proteção. Também se estendem desde a parte anterior da laringe até às aritenóides. Podem estar fechadas e podem vibrar, mas provavelmente estão abertas durante a produção da fala [49]. Assim, existe uma barreira tripla ao longo da traqueia, isto é, através da ação da epiglote, das falsas pregas vocais e das pregas vocais verdadeiras. Todas as três estão fechadas durante a deglutição e bem abertas durante a respiração. Existem três estados primários das pregas vocais: respiratório, sonoro e surdo. No estado respiratório, as cartilagens das aritenóides são mantidas para fora, mantendo a glote aberta, e os músculos das pregas vocais estão relaxados.

Neste estado, o ar proveniente dos pulmões flui livremente através da glote, com uma obstrução insignificante por parte das pregas vocais. Na produção da fala, a obstrução do fluxo de ar é proporcionada pelas pregas. No estado de voz, durante uma vogal, as cartilagens das aritenóides movem-se uma em direção à outra. As pregas vocais ficam tensas e aproximam-se umas das outras. Este fecho parcial da glote e o aumento da tensão das pregas provocam oscilações auto-sustentadas das pregas.

Com as pregas vocais em posição fechada, o fluxo começa lentamente, aumenta até atingir o máximo e depois diminui rapidamente até zero quando as pregas vocais se fecham abruptamente. O intervalo de tempo durante o qual as pregas vocais estão fechadas, sem fluxo, é referido como *fase de fechamento* glótico; o intervalo de tempo durante o qual há fluxo diferente de zero até o máximo da velocidade do fluxo de ar é referido como *fase de abertura* glótica, e o intervalo de tempo desde o máximo do fluxo de ar até o momento do fechamento glótico é referido como *fase de retorno*. A forma específica do fluxo pode mudar consoante o orador, o estilo de fala e o som específico da fala. Em alguns casos, as pregas nem sequer se fecham completamente, pelo que não existe uma fase fechada. A velocidade do fluxo de ar glótico é simplesmente referida como fluxo glótico. O tempo de duração de um ciclo glótico é designado por **período de pitch** e o recíproco do período de pitch é designado por frequência fundamental. A velocidade a que as pregas vocais oscilam através de um ciclo fechado, aberto e de retorno é influenciada por factores como a tensão dos músculos das pregas vocais, a massa das pregas vocais e a pressão do ar atrás da glote nos pulmões e na traqueia, que pode aumentar num som de tensão ou num estado mais excitado da fala. O tom da fala humana varia entre cerca de 60 Hz e 400 Hz. Normalmente, os homens têm um tom mais baixo do que as mulheres, porque as suas pregas vocais são mais longas e maciças.

2.1.3: Trato vocal: O trato vocal é composto pela cavidade oral, desde a laringe até aos lábios, e pela passagem nasal, que está ligada ao trato oral através do velum. O trato oral assume muitos comprimentos e secções transversais diferentes através do movimento da língua, dos dentes, dos lábios e da mandíbula e tem um comprimento médio de 17 cm, num homem adulto típico, e mais curto nas mulheres, e uma secção transversal que varia espacialmente até 20 cm2. Um dos objectivos do trato vocal é "colorir" espectralmente a fonte, o que é importante para produzir sons de fala perceptualmente distintos.

2.1.4: Modelagem espetral: Sob certas condições, a relação entre a entrada da velocidade do fluxo de ar glótico e a saída da velocidade do fluxo de ar do trato vocal pode ser aproximada por um filtro linear com ressonâncias. As frequências de ressonância do trato vocal são, num contexto de ciência da fala, chamadas frequências de formantes ou simplesmente **formantes**. Os formantes mudam com as diferentes configurações do trato vocal. Para diferentes vogais, a mandíbula, os dentes, os lábios e a língua estão geralmente em posições diferentes. Os picos do espetro da resposta do trato vocal correspondem aproximadamente aos seus formantes. Quando o trato vocal é modelado como um sistema linear de todos os pólos invariante no tempo, um pólo em $z0=r0ej^{w}$ 0, corresponde aproximadamente a um formante do trato vocal. A frequência do formante está em w=w0 e a largura de banda do formante é determinada pela distância do pólo ao círculo unitário de raio r0. Como os pólos da sequência real ocorrem tipicamente em pares complexos conjugados (exceto para o pólo que cai no eixo real), apenas as frequências positivas são utilizadas para encontrar as frequências do formante, e a largura de banda do formante é calculada sobre as frequências positivas.

2.1.5: Categorização do som por fonte: Existem várias formas de categorizar os sons da fala. Podemos categorizar os sons da fala com base em diferentes fontes para o trato vocal. Os sons da fala gerados com uma fonte glótica periódica são denominados vocais; caso contrário, os sons não gerados desta forma são denominados não vocais. Existem várias variedades de sons surdos, incluindo aqueles criados com uma fonte de ruído numa constrição do trato oral. Como o ruído destes sons provém da fricção do ar em movimento contra a constrição, estes sons são por vezes designados por *fricativos*. Por exemplo, o som de "th" na palavra "thin", em que a turbulência é gerada entre a língua e os dentes superiores [47]. Uma segunda classe de sons não vocais são as **plosivas**, criadas com uma fonte impulsiva dentro do trato oral. Um exemplo de uma plosiva é o "t" na palavra "top". A localização da constrição fechada ou parcial corresponde a diferentes sons plosivos ou fricativos, respetivamente. O som do "z" na palavra "zebra" é produzido pela vibração das pregas vocais e, ao mesmo tempo, é criado ruído numa constrição do trato vocal atrás dos dentes contra a placa. Estes sons são designados por **fricativas sonoras**, em contraste com as **fricativas surdas**, em que as pregas vocais não vibram em simultâneo com a fricção. Existem também *as plosivas sonoras*, que são equivalentes às plosivas surdas.

2.2: MODELO DE VOZ:

Quando falamos, alteramos fisicamente a forma do nosso trato vocal (boca, língua e traqueia). O trato vocal (basicamente um tubo sem perdas e não uniforme) pode ser modelado como um sistema mecânico linear que varia (relativamente) de forma lenta no tempo. Um bom modelo para um tubo sem perdas é um sistema de todos os pólos; no caso do trato vocal, uma ordem de modelo de cerca de dez é apropriada. A entrada para este sistema é um sinal de excitação que depende do som que estamos a tentar produzir. A fala é constituída por dois componentes básicos, sonoros (vogais) e surdos (consoantes). Por exemplo, quando alguém está a dizer a palavra "fast" (rápido), o 'f' é surdo, o 'a' curto é sonoro e o 's' e o 't' são surdos. Quando emitimos um som surdo, restringimos parte do nosso trato vocal a uma passagem muito pequena e empurramos o ar através desta pequena abertura. O fluxo de ar resultante é muito turbulento e é modelado na entrada do nosso sistema como ruído branco (gaussiano). Para produzir um som vocal, as nossas cordas vocais vibram contra a glote (entrada do trato vocal) interrompendo periodicamente o fluxo de ar. Isto é modelado pela entrada no nosso sistema de uma série de impulsos. O tempo entre estes impulsos, designado por período de pitch, varia consoante a vogal que estamos a tentar formar. O modelo de sistema linear da fala é mostrado na Figura (2.2).

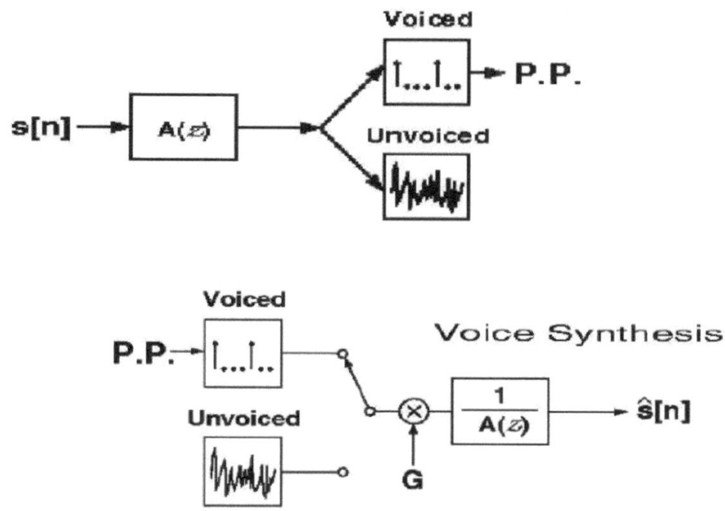

Fig. 2.2 Modelo Linear do Discurso

Assume-se que, em curtos períodos de tempo (30 ms), o nosso discurso é um processo aleatório estacionário. Assim, para intervalos de tempo de 30 ms, usamos os dados da fala para estimar os parâmetros do modelo e depois codificamos esses parâmetros. Também precisamos de codificar se o som emitido durante os 30 ms foi sonoro (neste caso, também precisamos do período de pitch) ou não sonoro.

Para reconstruir (sintetizar) a fala, um trem de impulsos (para sons sonoros) ou ruído branco (para sons surdos) foi passado através de um filtro constituído pelos parâmetros codificados do trato vocal. O modelo do trato vocal como um sistema linear com todos os pólos é surpreendentemente preciso. De facto, o LPC funciona extremamente bem a taxas de bits muito baixas para sinais sem voz. No entanto, a qualidade do LPC para sinais sonoros é limitada devido à aproximação dos sinais de condução sonoros. O desempenho do LPC depende muito da precisão da estimativa do período de pitch. Para compreender como o trato vocal transforma o ar dos pulmões em som, é importante compreender várias definições-chave. Os fonemas são definidos como um conjunto limitado de sons individuais. Existem duas categorias de fonemas, sons sonoros e **não sonoros**, que são considerados pelo codificador preditivo linear ao analisar e sintetizar sinais de fala. Os sons vocálicos são normalmente vogais e têm frequentemente níveis de energia médios elevados e frequências de ressonância ou formantes muito distintas. Os sons vocálicos são gerados pelo ar dos pulmões que é forçado sobre as cordas vocais. Como resultado, as cordas vocais vibram num padrão algo periódico que produz uma série de impulsos de ar chamados impulsos glóticos. A velocidade a que as cordas vocais vibram é o que determina o tom do som produzido. Estes impulsos de ar que são criados pelas vibrações passam finalmente ao longo do resto do trato vocal, onde algumas frequências ressoam. É do conhecimento geral que as mulheres e as crianças têm vozes mais agudas do que os homens, em resultado de uma taxa de vibração mais rápida durante a produção de sons vocais. Por conseguinte, é importante incluir o período de pitch na análise e síntese da fala, se se espera que o resultado final represente com exatidão o sinal de entrada original. A Figura (2.3) mostra o mecanismo de produção da fala humana em contraste com a produção da fala do codificador de voz. Os sons não sonoros são normalmente consoantes e têm geralmente menos energia e frequências mais elevadas do que os sons sonoros. A categorização dos sons como sonoros ou não sonoros é uma consideração importante no processo de análise e síntese. De facto, a vibração das cordas vocais, ou a falta de vibração, é um dos componentes-chave na produção de diferentes tipos de som.

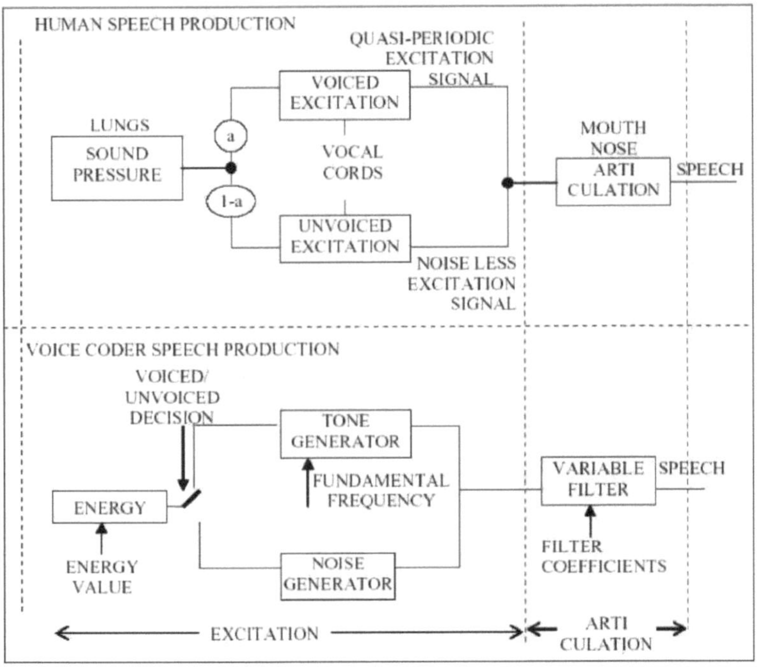

Fig. 2.3 **Produção de voz humana vs. codificador de voz**

Outro componente que influencia a produção da fala é a forma do próprio trato vocal. Formas diferentes produzem sons ou frequências de ressonância diferentes. O trato vocal é constituído pela garganta, a língua, o nariz e a boca. É definido como o trajeto de produção da fala através dos órgãos vocais. Este trajeto molda as frequências do ar vibratório que o atravessa. Quando uma pessoa fala, o trato vocal está constantemente a mudar de forma a um ritmo muito lento para produzir sons diferentes que se juntam para criar palavras.

2.3: CLASSIFICAÇÃO DOS SONS DA FALA:

Os sons da fala são classificados com base em diferentes perspectivas. Em primeiro lugar, a natureza da fonte; seja periódica, ruidosa ou impulsiva, e a combinação das três.

Para o som vocal, a glote está fechada e a pressão do ar força a glote a abrir-se e a fechar-se periodicamente, gerando assim um comboio de impulsos periódicos.

No caso dos sons surdos, a glote está aberta e o ar passa por uma passagem estreita na garganta ou na boca. Isto resulta numa turbulência que gera um sinal de ruído. A forma espetral do sinal de ruído é determinada pela localização do estreitamento. No caso de excitação transitória, um fecho na garganta ou na boca fará aumentar a pressão do ar. Ao abrir subitamente o fecho, a pressão do ar desce imediatamente (explosão plosiva). Em segundo lugar, a forma do trato vocal; a forma é descrita principalmente no que diz respeito à posição da saliência da língua ao longo do trato oral e ao grau de constrição da saliência, por vezes referido como o local e o modo de articulação, respetivamente. A forma do trato vocal é também determinada pela possível ligação à passagem nasal através do velum.

Em terceiro lugar, a forma de onda no domínio do tempo, que dá a variação de pressão com o tempo na saída dos lábios.

Em quarto lugar, as caraterísticas espectrais variáveis no tempo reveladas pelo espetro.

2.3.1: Elementos da língua: A unidade distintiva mais fundamental de uma língua é o fonema. O fonema é o elemento distintivo no sentido em que é uma classe de sons da fala que diferencia as palavras de uma língua [50]. Por exemplo, as palavras "gato", "morcego" e "chapéu" são compostas por três sons da fala, o primeiro dos quais dá a cada palavra o seu significado distintivo, pertencendo a diferentes classes de fonemas. As diferentes línguas contêm diferentes conjuntos de fonemas. As sílabas contêm um ou mais fonemas, enquanto as palavras são formadas por uma ou mais sílabas, concatenadas para formar frases e sentenças. A linguística é o estudo da disposição dos sons da fala, ou seja, dos fonemas e das unidades de fala maiores construídas a partir dos fonemas, de acordo com as regras de uma língua. Os fonemas podem diferir entre línguas, mas certas propriedades das regras gramaticais que combinam fonemas e unidades maiores de uma língua podem ser combinadas e instintivas [51]. Os fonemas resultam de uma combinação de caraterísticas articulatórias das pregas vocais e do trato vocal. As caraterísticas articulatórias incluem o estado das pregas vocais, ou seja, se as pregas vocais estão a vibrar ou abertas; a posição e altura da língua, ou seja, se está na frente, no centro ou atrás ao longo do palato e se a sua constrição é parcial ou completa; e o estado do véu, ou seja, se um som é nasal ou não. Foi levantada a hipótese de que o primeiro passo na produção de um fone é conceber no cérebro o conjunto de caraterísticas articulatórias que correspondem a um fonema. Um conjunto particular de músculos da fala é responsável pela ativação de cada caraterística com um determinado tempo relativo. São estas caraterísticas que podemos armazenar no nosso cérebro para a representação de um fonema.

2.3.2: Vogais: As vogais são o maior grupo de fonemas. Contêm três subgrupos definidos pelo facto de a saliência da língua se situar na parte anterior, central ou posterior do palato.

2.3.2.1: Fonte: A fonte são sopros quase periódicos de fluxo de ar através das pregas vocais e que vibram numa determinada frequência fundamental. É quase porque a periodicidade perfeita nunca é alcançada.

2.3.2.2: Sistema: Cada fonema vogal corresponde a uma configuração diferente do trato vocal. A forma do trato vocal é uma função da língua, da mandíbula, dos lábios e do véu palatino, que é fechado nas vogais não nasalizadas, ou seja, a passagem nasal não está acoplada ao trato oral. Para além do seu grau de abertura, os lábios podem contribuir para a configuração do trato vocal ao serem arredondados, o que pode aumentar o comprimento efetivo do trato vocal. A língua, que é o principal determinante da forma do trato vocal, tem três locais gerais de articulação: **à frente, no centro** ou **atrás** da cavidade oral. O grau de constrição da língua é outro fator determinante da forma.

2.3.2.3: Espectrograma: A forma particular do trato vocal determina as suas ressonâncias. Regras qualitativas baseadas em princípios físicos foram relatadas por Stevens [52] para mapear mudanças na forma do trato vocal para o movimento do formante. Perturbações na secção transversal em vários pontos de um tubo de referência uniforme, por estreitamento da frente, do centro ou da parte de trás da cavidade oral pela língua e pelos maxilares, são mapeadas para certas mudanças na localização do formante.

2.3.2.4: Forma de onda: Certas propriedades das vogais vistas no espetrograma também são vistas na forma de onda da fala dentro de um período de pitch. Apesar das propriedades específicas das diferentes vogais, existe uma grande variabilidade das caraterísticas das vogais entre os falantes, ou seja, o local e o grau de constrição da corcova da língua, a secção transversal e o comprimento do trato vocal...

2.3.3: Nasais: As consoantes são o grupo de fonemas de segundo grau. As consoantes contêm uma série de subgrupos: **nasais, fricativas, plosivas, sussurrantes** e **africadas.** As nasais são as mais próximas das vogais.

2.3.3.1: Fonte: Tal como acontece com as vogais, a fonte são os sopros de fluxo de ar quase periódicos das pregas vocais vibrantes.

2.3.3.2: Sistema: Quando o velum é abaixado, o ar flui principalmente através da cavidade nasal, e o trato oral é constrito; assim, o som é irradiado nas narinas. As consoantes nasais distinguem-se pelo local ao longo do trato oral em que a língua faz uma constrição. Por exemplo, as três nasais que podemos comparar são /m/ como em "me", /n/ como em "no" e /ng/ como em "sing". Para o /m/, a constrição do trato oral ocorre nos lábios, para o /n/ a constrição do trato oral é feita com a ponta da língua na crista da gengiva e com o corpo da língua contra o palato perto do velum para o /ng/

2.3.3.3: Espectrograma: O espetro de uma nasal é dominado pela baixa ressonância do grande volume da cavidade nasal. As ressonâncias da cavidade nasal têm uma grande largura de banda porque as perdas viscosas são elevadas à medida que o ar flui ao longo da sua superfície de configuração complexa, amortecendo rapidamente a sua resposta ao impulso. A cavidade oral próxima actua como um ramo lateral com as suas próprias ressonâncias que mudam com o local de constrição da língua. Estas ressonâncias absorvem energia acústica e são, portanto, anti-ressonâncias (zeros) do trato vocal. As anti-ressonâncias do trato oral tendem a situar-se para além das ressonâncias de baixa frequência do trato nasal. Como resultado disso, para as nasais, há pouca energia de alta freqüência passada pela função de transferência do trato vocal. A libertação da constrição da nasal causa uma mudança abrupta no espetrograma quando o som é irradiado pela boca. As transições de formantes que se seguem à libertação são bastante diferentes para as nasais, por exemplo, no caso de /m/ e /n/. Estas transições, que reflectem a forma como a cavidade oral transita para a sua posição de vogal estável, são uma importante caraterística perceptualmente distintiva das duas nasais [52].

2.3.3.4: Forma de onda: As formas de onda das nasais, por exemplo, no caso de /m/ e /n/, são dominadas pelo primeiro formante de baixa largura de banda, F1. Dentro de cada ciclo glótico, observa-se uma oscilação rapidamente amortecida. Outras ressonâncias não são suficientemente altas em energia para serem vistas. Um fenómeno referido como nasalização das vogais, está relacionado com a geração de nasais em que o velum está parcialmente aberto. A cavidade nasal acopla com a cavidade oral e introduz anti-ressonâncias (zeros) na função do sistema do trato vocal. A cavidade nasal aberta actua como uma câmara lateral que introduz as anti-ressonâncias ao absorver a energia em determinadas frequências, desempenhando assim o mesmo papel que o trato oral para uma consoante nasal. Há também algum alargamento da largura de banda das ressonâncias da cavidade oral devido ao acoplamento do trato oral-nasal. Na nasalização de vogais, o som da fala é principalmente devido ao som nos lábios e não ao som na saída do nariz, que é muito fraco. As vogais, adjacentes às consoantes nasais, tendem a ser nasalizadas. Alguns falantes, carateristicamente, nasalizam as suas vogais mantendo o velum parcialmente aberto. No inglês, ao contrário de outras línguas como o francês, o polaco e o português, a nasalização das vogais não é usada para diferenciar os fonemas [51].

2.3.4: Fricativas: As consoantes fricativas são especificadas em duas classes: fricativas **sonoras** e **não sonoras**.

2.3.4.1: Origem: Nas fricativas surdas, as pregas vocais estão relaxadas e não estão a vibrar. O ruído é gerado pela turbulência do fluxo de ar em algum ponto de constrição, mais estreito do que nas vogais, ao longo do trato oral. O grau de constrição colore um pouco o carácter espetral da fonte de ruído, embora este seja um efeito secundário, sendo a coloração espetral do trato vocal a principal.

2.3.4.2: Sistema: A localização da constrição pela língua na parte posterior, central ou anterior do trato oral, bem como nos dentes ou lábios, influencia a geração do som fricativo. A constrição separa o trato oral em cavidades anterior e posterior, sendo o som irradiado a partir da cavidade anterior. Embora a cavidade frontal domine a formação espetral do som, a cavidade posterior introduz anti-ressonâncias na função de transferência, absorvendo energia, aproximadamente, nas suas próprias ressonâncias. Isto porque a cavidade frontal é mais curta do que a cavidade oral completa e porque as anti-ressonâncias da cavidade posterior tendem a ser de frequência mais baixa do que as ressonâncias da cavidade frontal. A função de transferência resultante consiste principalmente em ressonâncias de alta frequência, que mudam com a localização da constrição. As fricativas sonoras têm uma fonte de ruído e caraterísticas de sistema semelhantes às das fricativas surdas; para as fricativas sonoras. No entanto, as pregas vocais vibram frequentemente em simultâneo com a geração de ruído na constrição e observa-se uma periodicidade do fluxo de ar ruidoso. Por exemplo, na fricativa vozeada /z/ em "zebra", as pregas vocais vibram enquanto o ruído é gerado. Geralmente, as fricativas ocorrem em pares vozeados / não vozeados. Considere-se a fricativa /f/ em "for" e a fricativa /v/ em "vote". Em /f/, as pregas vocais não estão a vibrar e a constrição ocorre pelos dentes contra os lábios. Em contrapartida, em /v/ as pregas vocais estão a vibrar e, mais uma vez, a constrição é formada pelos dentes contra os lábios. Quando as pregas vocais vibram numa fricativa sonora, o fluxo de ar periódico da glote passa através da cavidade oral posterior para a constrição. Na constrição, a fricção só tem lugar quando a velocidade do fluxo de ar dos sopros periódicos é suficientemente elevada, excedendo um limite constante. De acordo com os princípios da dinâmica dos fluidos, a velocidade do fluxo de ar deve exceder uma constante chamada número de Reynolds, que é uma função da densidade e velocidade do meio de ar, bem como da geometria da constrição [53] para produzir fricção. Assim, o implica que a fricção é aproximadamente sincronizada com a velocidade do fluxo de ar. Assim, a forma da onda glótica pode ser considerada como a modulação de uma fonte de ruído.

2.3.4.3: Espectrograma: As fricativas não sonoras são caracterizadas por um espetro ruidoso, enquanto as fricativas sonoras apresentam frequentemente ruído e harmónicos. A natureza espetral do som é determinada pela localização da constrição da língua. Por exemplo, com um /s/ a fricção ocorre no palato e com um /f/ nos lábios. O /s/ tem um espetro passa-alto correspondente a uma cavidade oral superior curta. Para o /f, há pouca cavidade frontal, pelo que o seu espetro é quase plano com uma ligeira tendência ascendente. A comparação das fricativas não vocais /f/ com as fricativas vocais /v/ mostra que o componente de ruído de cada fricativa tem um espetro largo focado na região de alta frequência (1000-5000Hz). A fricativa vozeada, no entanto, é caracterizada pela estrutura harmónica adicional devido às pregas vocais oscilantes, como revelado nos cortes espectrais, bem como nos espectrogramas.

2.3.4.4: Forma de onda: Para o par de fricativas vozeadas/não vozeadas, a forma de onda da fricativa não vozeada contém ruído, enquanto a da fricativa vozeada contém ruído, sobreposto à periodicidade durante a região da fricativa.

2.3.4.5: Sussurro: Embora o sussurro seja uma consoante, com informações semelhantes às da fricativa surda, ele é colocado em sua própria classe consonantal. No sussurro, a glote está aberta e não há vibração das pregas vocais. O fluxo de turbulência é produzido na glote, em vez de numa constrição do trato vocal. As caraterísticas espectrais do sussurro dependem do tamanho da glote, que influencia o espetro da fonte de ruído, e da cavidade ressonante no início da vogal. Como exemplo, temos o /h/, o único sussurro em inglês, como em "he". Existem outros sussurros fora da língua inglesa.

2.3.5: Plosivas: As plosivas também são átonas/sonoras como as fricativas.

2.3.5.1: Origem e sistema: Com as plosivas sonoras, uma explosão é gerada na liberação do acúmulo de pressão por trás de uma constrição total no trato oral. A explosão é idealizada como uma fonte impulsiva, embora, na prática, haja uma propagação no tempo e um componente turbulento para essa fonte. A constrição pode ocorrer na parte da frente, no centro ou na parte de trás do trato oral. Não há vibração das dobras. A sequência de eventos é:

(1) Fecho completo do trato oral e acumulação de pressão de ar por detrás do fecho; durante este período de fecho, nenhum som é irradiado dos lábios.

(2) Libertação da pressão do ar e geração da turbulência durante um período muito curto, ou seja, a fonte de explosão ("impulsiva"), que excita a cavidade oral em frente da constrição.

(3) Geração de aspiração devido à turbulência nas pregas vocais abertas, antes do início da vibração, à medida que o ar passa pela cavidade oral aberta após a explosão; e

(4) Início da vogal seguinte cerca de 40-50 ms após o burst. O tempo de início de vozeamento é a diferença entre o tempo do burst e o início do vozeamento da vogal seguinte. A duração do tempo de início do vozeamento e o local de constrição variam consoante a consoante plosiva.

Basicamente, o discurso é composto por duas funções distintas: (i) Fonação e (ii) articulação [54].

2.4: FONAÇÃO:

A fonação é conseguida pela laringe, que foi especialmente adoptada para funcionar como um vibrador. As pregas vocais (vulgarmente conhecidas como cordas vocais) sobressaem das paredes laterais da laringe em direção ao centro da glote, sendo esticadas e posicionadas por vários músculos específicos da laringe. Durante a respiração normal, o ar passa através da corda vocal e, ao mesmo tempo, vários músculos da laringe esticam estas cordas vocais, que começam então a vibrar. Como resultado, o som é produzido sob a forma de um comboio de impulsos. Esta sequência de impulsos passa pela cavidade da faringe (a cavidade da garganta) e pela língua e é expelida pela boca ou pela cavidade nasal, consoante a posição do velum. Assim, são produzidos sons diferentes.

2.5: ARTICULAÇÃO:

É conseguido através das estruturas da boca. Os lábios, a língua e o palato mole são os três principais órgãos de articulação. O ato de articulação consiste nos movimentos musculares da boca, da língua, da laringe, etc. Assim, produz o som real. As regiões facial e laríngea do córtex motor activam estes músculos e o cerebelo, os gânglios basais e os córtices sensoriais ajudam a controlar as contracções musculares através de mecanismos de feedback. A destruição destas regiões pode causar uma incapacidade total ou parcial de falar distintamente.

2.6: NATUREZA DO DISCURSO:

As unidades mais pequenas da fala humana, que são mais refinadas, são chamadas fonemas. Os fonemas representam essencialmente os vários tipos de sons que ocorrem na fala. A língua inglesa contém aproximadamente 40 (quarenta) fonemas. Os fonemas da língua hindi são iguais ao número de alfabetos. A língua assamesa tem 23 **fonemas** consonantais e 8 **fonemas vocálicos**; a língua **bodo tem 16 fonemas consonantais e 6 fonemas vocálicos**, para além de alguns ditongos e tritongos. Dependendo do modo de articulação, os fonemas podem ser classificados em diferentes grupos.

Uma das classificações deste tipo é entre sons sonoros e não sonoros. Os sons vocálicos são produzidos pelo envolvimento da glote no processo de produção da fala. Não há envolvimento "ativo" na produção dos sons surdos. Como a glote é basicamente uma membrana capaz de vibrar em determinadas frequências (chamadas frequências glóticas), os sons vocálicos são periódicos (na verdade, quase periódicos) por natureza. A fala sem voz não apresenta sinais de periodicidade, ou seja, não é periódica por natureza. Outra caraterística da fala vocalizada é o facto de ter uma amplitude pico a pico relativamente maior, ou seja, uma energia equivalente, em comparação com os sons não vocalizados. Esta caraterística é atribuída à intervenção da glote no processo dos sons sonoros.

Um mecanismo simples para distinguir entre sons sonoros, sons surdos e ruído é o seguinte: os sons sonoros têm uma amplitude pico a pico elevada e uma taxa de passagem por zero baixa; os sons surdos têm uma amplitude pico a pico baixa e uma taxa de passagem por zero elevada; o ruído tem uma amplitude pico a pico baixa e uma taxa de passagem por zero baixa.

Os sons sonoros e não sonoros também são classificados com base nas vogais e nas consoantes [55, 56]. As vogais são sons sonoros; as consoantes podem ser sonoras ou surdas. A articulação das vogais, no entanto, não envolve a contribuição da língua, dos dentes, etc.. Cada vogal é caracterizada por uma ressonância específica. Os componentes de frequência predominantes que caracterizam cada vogal são conhecidos como formantes [56]. Os formantes mudam com as diferentes configurações do trato vocal. As caraterísticas de cada vogal dependem principalmente do primeiro e segundo formantes. As consoantes são produzidas pela turbulência do fluxo de ar gerada perto do ponto de constrição do trato vocal causada pela articulação.

Existe outra classificação baseada no local de articulação dos fonemas, ou seja, frontal, posterior e central.

2.7: ANÁLISE ACÚSTICA DA FALA:

A fala é produzida sob a forma de uma sequência de impulsos periódicos através de um procedimento sistemático do sistema de produção da fala. Devido às diferentes actividades fisiológicas, é frequentemente difícil segmentar uma sequência de sons da fala. Consequentemente, o aspeto físico de um tipo de som é determinado, até certo ponto, pelos sons vizinhos. Também dentro de um certo limite de parâmetros fisiológicos, o mecanismo da fala produz um contínuo de sons diferentes. Acusticamente, os sons da fala podem ser considerados como a combinação simultânea e sequencial de impulsos periódicos e formas periódicas de energia, interrompidos por silêncio de duração variável.

O sinal de voz é um sinal que varia lentamente no tempo. Durante um período de tempo suficientemente curto (entre 5 e 100 mseg.), as suas caraterísticas são relativamente estacionárias. No entanto, durante longos períodos de tempo (da ordem de 1/5 segundos ou mais) as caraterísticas do sinal mudam para refletir os diferentes sons da fala que estão a ser falados.

Há várias maneiras de classificar (rotular) eventos na fala. Talvez a mais simples e direta seja através do estado da fonte de produção da fala - as cordas vocais. É aceite a convenção de utilizar uma representação de três estados, tais como (i) silêncio (s), em que não é produzida qualquer fala; (ii) sem voz (u), em que as cordas vocais não estão a vibrar, pelo que a forma de onda da fala resultante é de natureza periódica ou aleatória; e (iii) com voz (v), em que as cordas vocais estão tensas e, por conseguinte, vibram periodicamente quando o ar flui dos pulmões, produzindo formas de onda de fala quase periódicas.

Uma forma alternativa de caraterizar o sinal de fala e representar a informação associada aos sons é através de uma representação espetral. Talvez a representação mais popular deste tipo seja o espetrograma sonoro, no qual é retratada uma representação tridimensional da intensidade da fala, em diferentes bandas de frequência, ao longo do tempo.

A terceira forma de representar as caraterísticas do sinal de variação temporal da fala é através de uma parametrização da atividade espetral baseada no modelo de produção da fala. Porque o trato vocal humano é essencialmente um tubo ou concatenação de tubos de área transversal variável que é excitado numa extremidade (pelos sopros de ar da corda vocal) ou num ponto ao longo do tubo (correspondente ao ar turbulento numa constrição). A função de transferência de energia da fonte de excitação para a saída é descrita em termos de frequências naturais ou ressonâncias do tubo. Estas ressonâncias são designadas por frequências de formantes para a fala e representam as frequências que passam a energia acústica da fonte para a saída. Normalmente, existem cerca de três ressonâncias significativas. A representação da frequência dos formantes é uma representação altamente eficiente e compacta das caraterísticas de variação temporal da fala. O maior problema, no entanto, é a dificuldade de estimar de forma fiável as frequências dos formantes para sons vocais de baixo nível e a dificuldade de definir a frequência dos formantes para sons não vocais ou silêncio.

Capítulo 3

BREVE HISTÓRIA DAS LÍNGUAS BODO

3.0: INTRODUÇÃO:

A história da antiga forma de discurso a partir da qual surgiram os vernáculos modernos da Índia pode ser reconstruída a partir dos materiais fornecidos pela literatura e pelos documentos escritos, tais como inscrições em pedra, placas de cobre e outros suportes. Estas relíquias começaram com os Vedas. Na Índia, a língua literária aparece pela primeira vez nos hinos do Rig-Veda. A língua de todos os registos mais antigos da Índia, incluindo os literários e as inscrições, é de carácter indo-europeu - relacionada com o grego e o latim e com a nossa língua inglesa [57]. Há duas opiniões básicas sobre o local de origem da família ariana. Assim, as primeiras povoações da família ariana situavam-se ou nas maiores elevações da Ásia Central [58] ou no Sul da Rússia [59]. Supõe-se que a partir daí um fragmento dos colonos arianos marchou em direção à Grécia, Itália, Alemanha e outros países europeus [57]. Um grupo considerável marchou em direção ao Leste e ao Sul e estabeleceu-se na Pérsia, no Afeganistão e na Índia. Este fragmento separou-se ainda em duas correntes principais - (i) os imigrantes que entraram na Pérsia - os antepassados dos Zoroastrianos, e (ii) aqueles que entraram no Afeganistão e na Índia dos Hindus. Ao longo do tempo, os colonos arianos chegaram às passagens montanhosas do noroeste da Índia em diferentes alturas, expulsaram os habitantes anteriores das suas casas e introduziram a sua língua [57, 60, 61]. Os filólogos dividiram as línguas indo-arianas da Índia em três grupos - de acordo com as suas caraterísticas linguísticas - são eles (i) Midland, (ii) intermediário e (iii) externo. O grupo médio inclui o hindi ocidental do Gangetic Doab e a parte oriental do Punjab. O grupo intermédio inclui - o gujrati, o marwari, o nepalês, etc. As línguas exteriores incluem - o norte: Caxemira; Ocidental: Punjabi e Sindhi; Sul: Marathi; Leste: Bihari, Oriya, Bengali e Assamês.

A língua é considerada como um dos meios de comunicação mais importantes numa sociedade humana. Neste sentido, a língua refere-se à linguagem humana, que é produzida pelo aparelho fonador humano em condições normais. Quando pronunciamos uma palavra ou uma frase em qualquer língua, linguisticamente não dizemos a palavra ou a frase, mas pronunciamos os fonemas numa sequência. Assim, para estudar uma língua com vista à utilização da tecnologia de comunicação moderna, temos de estudar as caraterísticas dos fonemas dessa língua.

Os fonemas podem ser divididos em dois grupos: **segmentares** e **supra-segmentares**. Como o nome indica, os fonemas segmentares são divisíveis, enquanto os fonemas supra-segmentares são fonemas específicos que não têm **alofones**. Mais uma vez, os fonemas segmentares podem ser divididos em dois grandes grupos - **vogais** e **consoantes**.

As vogais de uma língua desempenham o papel mais importante na produção da fala. Apesar das propriedades específicas das diferentes vogais, existe uma grande variabilidade das caraterísticas das vogais entre os diferentes falantes. As variações alofónicas são assumidas como uma das causas para este facto [62]. Peterson e Barkey [63, 64] relataram uma grande gama de variação no primeiro formante (F1) e no segundo formante (F2) para cada grupo de vogais. Assim, é mais realista pensar que a fala é um processo puramente não linear. Esta não linearidade da fala parece desempenhar um papel muito importante no desenvolvimento de qualquer sistema de reconhecimento da fala ou do locutor.

3.1: MOTIVAÇÃO E VANTAGENS DA ESCOLHA DAS LÍNGUAS BODO:

A escolha do Bodo como língua de reconhecimento deve-se à sua relevância local. Seguem-se algumas das motivações do presente estudo:

* Falta de esforços para desenvolver ferramentas de processamento da fala para as línguas do Nordeste.
* Analisar a estrutura da língua Bodo e explorar as suas limitações para obter um melhor desempenho.
* Criar uma base de dados científica sobre o discurso na língua Bodo para fins de investigação
* Para padronizar a representação IPA da língua Bodo
* Descobrir a política de etiquetagem anotada da língua Bodo com base na máquina de computação, que pode ajudar outros investigadores a desenvolver o conversor de texto para fala (TTS) da língua Bodo.

A região nordeste da Índia é uma terra de misteriosa mistura de variedade de línguas e heranças culturais. Esta região tem um grande número de grupos linguísticos diferentes. Estes pequenos grupos e as suas heranças estão, na sua maioria, confinados ao seu próprio domínio linguístico durante séculos. Isto cria uma grande barreira social contra a homogeneidade social e a integridade entre os diferentes grupos linguísticos, para além de induzir um sentimento de isolamento linguístico. O cenário linguístico da região NE é maioritariamente herdado da família sino-tibetana. Esta ramifica-se depois em várias formas. As caraterísticas topográficas desta região contribuem em grande medida para esta ramificação. Em Assam, que é o maior estado da região NE (tanto em termos de área como de população), os dois principais grupos linguísticos são o **assamês** e **o bodo**. Estes dois grupos linguísticos estão espalhados por todo o estado em proporções variadas. As línguas maternas destas duas comunidades são:

* Assamês: Falado pelo povo assamês
* Bodo: Falado pelo povo Bodo

O povo Bodo é bilingue. Utilizam sobretudo a língua assamês como meio de comunicação durante as conversas com outras pessoas que não são Bodo. Há uma exceção no caso dos não-Bodós (incluindo os que falam assamês, hindi, bengali e outras línguas do sul da Índia, como o tâmil, o telegu, etc.) que residem permanentemente ou há muito tempo em Assunção: Tamil, Telegu, etc., que residam permanentemente ou permaneçam durante muito tempo em Assam). Estes não-Bodós são menos convergentes ou ignoram totalmente a língua Bodo. O presente estudo, baseado numa plataforma científica, que envolve línguas como o Bodo, da região NE, é um dos primeiros do seu género. Espera-se que este estudo abra uma nova perspetiva para outras línguas desta região, ao mesmo tempo que tenta desenvolver um modelo científico transparente para as respectivas línguas.

3.2: INTRODUÇÃO À LÍNGUA BODO:

O Bodo é uma língua que surgiu como um ramo da sua família principal de línguas, conhecida como **sino-tibetana** ou **tibeto-chinesa**, através dos seus sub-ramos chamados **tibeto-birmanês, assam-birmanês, bodo-nage** e **bodo**. Deste mesmo grupo Bodo, que inclui o Bodo, o Dimasa, o Garo, o Rabha, o Tiwa, o Tipera, o Deuri-Chutiya, o Koch-Hazong, etc., surgiu este Bodo como uma língua separada dos outros grupos relacionados.

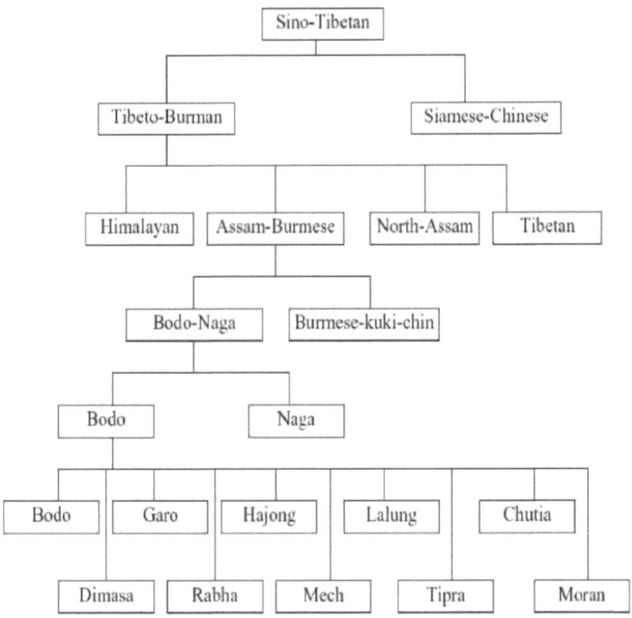

Figura (3.1): Família de línguas sino-tibetanas

Esta evolução da língua Bodo está atualmente bem espalhada pelos estados do nordeste da Índia, incluindo Assam, Arunachal Pradesh, Meghalaya, Nagaland, Mizoram, Manipur, Tripura e partes setentrionais de Bengala Ocidental, Bihar e áreas adjacentes do Bangaladesh, Nepal e Butão [65].

O primeiro livro escrito na língua Bodo foi publicado em 1915. O livro foi escrito em Bodo com escrita assamesa.

Desde então, foi publicado um pequeno número de livros até aos anos sessenta do século XX. Em 1962, o governo de Assam reconheceu a língua Bodo como meio de instrução na área dominada pelos Bodo, ao nível primário. Desde então, a língua tem vindo gradualmente a adquirir o estatuto de língua escrita [66]. Inicialmente, a escrita romana e a escrita assamesa modificada (Purbalipi) foram utilizadas para escrever os manuais escolares e as obras literárias dos Bodo por cristãos e não cristãos, respetivamente. O Bodo Sahitya Sabha decidiu adotar a escrita Devanagari em vez da escrita Purbalipi para a língua Bodo a partir do ano de 1976[67].

Devido a várias razões socioeconómicas, políticas e geográficas, os Bodos são, na sua maioria, bilingues. Utilizam a sua língua para comunicar com as pessoas da sua própria comunidade linguística e utilizam outras línguas como o assamês, o bengali e o hindi para comunicar com outras comunidades. O inventário dos fonemas Bodo é constituído pelo número de:

(a) os fonemas segmentais são consoantes e vogais, e

(b) Os fonemas supra segmentares são o tom, a juntura e o contorno, co-ocorrendo com eles como caraterísticas sonoras extra usadas na língua [65].

Tal como noutras línguas, existem 6 (seis) vogais e 16 (dezasseis) consoantes como fonemas segmentares na língua Bodo; tal como se mostra na Tabela (3.1) e na Tabela (3.2), respetivamente, e o IPA do fonema da vogal

A representação é apresentada no quadro (3.3).

Tabela (3.1): Vogais da língua Bodo

PHONEME
/i/ इ
/e/ ए
/a/ आ
/u/ उ
/o/ अ
/w/ ओ

Tabela (3.2): Consoantes da língua Bodo

PHONEME
/pʰ/ फ
/tʰ/ थ
/kʰ/ ख
/b/ ब
/d/ द
/g/ ग
/m/ म
/n/ न
/ŋ/ ङ
/s/ स
/z/ ज
/h/ ह
/r/ र
/l/ ल
/ j / व
/y/ य

Tabela (3.3): Representação IPA das vogais Bodo

	Front	Central	Back
High/close	/ i / (इ)		/ɯ / (औ) /u / (उ)
Mid/close mid	/ e / (ए)		/o / (अ)
Low/open		/a/ आ	

(IPA significa International Phonetic Association (Associação Fonética Internacional), criada em 1886. Trata-se de um conjunto de símbolos que pretende ser um sistema universal de transcrição dos sons da fala. A promulgação e atualização do IPA tem sido um dos principais objectivos da Associação Fonética Internacional, fundada em Paris em 1886).

3.3: ARTICULAÇÃO DE DIFERENTES CLASSES DE SONS:

Os sons vocálicos são produzidos pela excitação de uma forma essencialmente fixa do trato vocal com impulsos quase periódicos de ar causados pela vibração das cordas vocais. A forma como a área da secção transversal varia ao longo do trato vocal determina as frequências de ressonância da via (formantes) e, consequentemente, o som que é produzido. O som da vogal produzido é determinado principalmente pela posição da língua, mas a posição da mandíbula, dos lábios e, em pequena medida, do véu palatino também influencia o som resultante. Existem várias formas de caraterizar e classificar as vogais, incluindo a configuração articulatória típica necessária para produzir o som. Uma forma conveniente e simplificada de classificar a configuração articulatória das vogais é a posição da corcova da língua (anterior, média e posterior) e a altura da língua (alta, média e baixa). As vogais altas e baixas podem ser designadas, respetivamente, como vogais fechadas e abertas, devido à parte da língua levantada ou abaixada na sua articulação. As vogais mais altas em relação às médias são chamadas de altas-médias ou semi-fechadas e as mais baixas em relação a elas são chamadas de baixas-médias ou semi-abertas. As consoantes são classificadas em várias categorias, como as consoantes nasais, as fricativas sonoras e surdas, as paragens sonoras e surdas enroladas e as laterais, com base no seu modo de articulação. As fricativas surdas são produzidas pela excitação do trato vocal por um fluxo de ar constante, que se torna turbulento na região de uma constrição no trato vocal. A localização da constrição determina o som da fricativa que é produzido. As fricativas vozeadas diferem marcadamente das fricativas não vozeadas. Nas fricativas sonoras, as cordas vocais estão a vibrar e, portanto, uma fonte de excitação está na glote. No entanto, uma vez que o trato vocal está constrito num determinado ponto, à frente da glote, o fluxo de ar torna-se turbulento na vizinhança da constrição. As consoantes nasais são produzidas com excitação glótica e o trato vocal totalmente constrito em algum ponto ao longo da passagem oral. O velum é abaixado para que o ar flua através do trato nasal. As consoantes nasais distinguem-se umas das outras pelo trato oral em que é feita uma constrição total. Os sons que são produzidos pelo fecho incompleto do trato vocal são chamados **sons contínuos**.

Todas as vogais e fricativas são contínuas. As consoantes sonoras stop são transitórias. Os sons não-contínuos são produzidos através da acumulação de pressão por detrás de uma constrição total algures no trato oral e, em seguida, libertando subitamente a pressão. A posição da constrição pode ser nos lábios, nos dentes ou perto do velum. Durante o período em que existe uma constrição total no trato, nenhum som é irradiado dos lábios. No entanto, existe frequentemente uma energia de baixa frequência irradiada através das paredes da garganta. As consoantes stop átonas são semelhantes às vozeadas, com uma grande exceção. Durante o período de encerramento total do trato, à medida que a pressão se acumula, as cordas vocais não vibram. A seguir ao período de encerramento, à medida que a pressão do ar é libertada, há um breve intervalo de fricção (devido à turbulência súbita do ar que escapa) seguido de um período de aspiração (fluxo de ar constante da glote que excita a ressonância do trato vocal) antes de começar a excitação vocal. As consoantes stop, que são realizadas por um intervalo de respiração antes do início da vogal seguinte, são designadas por aspiração. A consoante enrolada refere-se a qualquer som produzido pela batida rápida de um órgão de articulação contra outro (a vibração das cordas vocais não está incluída nesta definição). Consoante lateral refere-se a qualquer som em que o ar escapa num ou em ambos os lados de um fecho feito na boca. Os sons consonantais podem ainda ser classificados em **bilabiais**, **alveolares**, **velares**, **palatais** e **faríngeos**, com base no seu local de articulação **Bilabial** refere-se ao som produzido pela união de ambos os lábios. **Alveolar** refere-se a um som produzido pelo contacto da lâmina da língua com o rebordo alveolar, que é a proeminência óssea imediatamente atrás dos dentes superiores. **Velar** refere-se a um som feito pela parte de trás da língua contra o palato mole ou velum. **Palatal** refere-se a um som produzido quando a parte da frente da língua está em contacto ou se aproxima do palato duro. **Faríngeo** refere-se a um som produzido pela faringe, a cavidade tubular que constitui a garganta acima da laringe.

O ditongo é um som de fala monossilábico deslizante que se inicia na posição articulatória de uma vogal ou perto dela e se move em direção à posição de outra. Os ditongos são produzidos variando suavemente o trato vocal entre as configurações de vogais apropriadas ao ditongo. Os grupos de sons que ocorrem devido à transição de deslizamento na área do trato vocal entre fonemas adjacentes são chamados de **semi-vogais** devido à sua natureza semelhante a uma vogal. Assim, as propriedades acústicas destes sons são fortemente influenciadas pelo contexto em que ocorrem.

Tabela (3.4): Vogais da língua Bodo com alguns exemplos, incluindo o significado e a descrição

Representação fonética em Bodo	I.P.A.	Modo e local de Articulação	Exemplos de Bodo		
			Inicial	Médio	Final
इ	/i/,/इ/	Alto, frontal, não arredondado	इनाइ/inai/ (mal)	गिबि/gibi/ (primeiro)	बोराइ/Bɯrai/ (antigo)
उ	/u/,/उ/	Alto, para trás, arredondado	उन्दु/undu/ (dormir)	गुसु/gusu/ (frio)	दुखु/dukhu/
ए	/e/,/ए/	Médio, frontal, não arredondado	एनजर/enzor/ (coelho)	बे/be/ (isto, aquilo)	बेसे/bese/ (quanto)
अ	/o/,/अ/	Meio, atrás, arredondado	अमा/oma/ (porco)	-	-
ओ	/ɯ/,/ओ/	Alto, para trás, não arredondado	ओंखाम/ɯŋkʰam/ (arroz)	जोंनि/zɯŋni/ (nosso)	बोलो/bɯlɯ/ (força) गोसो/gɯsɯ/ (mente)
आ	/a/,/आ/	Baixo, Central, não arredondado	आं/aŋ/ (1)	जाथाइ/zatʰai/ (incidente)	आदा/ada/ (irmão mais velho)

Tabela (3.5): Consoantes da língua Bodo com alguns exemplos, incluindo o significado e a descrição **da posição do tong**

Fonética representação em Bodo	I.P.A.	Forma e local de Articulação	Exemplos de Bodo		
			Inicial	Médio	Final
ख	k^h	Velar aspirado un voiced stop	खरम /k^horom/ (Sleeper de madeira)	गोरखा /guk^{h}a/ (amargo)	X
ग	g	Velar, Paragem sonora não aspirada	गथ /gotho/ (rapaz,'criança)	गोगोम/gugum/ (Grande)	X
ङ	>1	Velar nasal	X	जाङ्खला/zaŋk^{h}la/ (escada)	आं/aŋ/ (eu/meu)
थ	t^h	Alveolar aspirado sem voz stop	थरखा /t^{h}ork^{h}a/ (instrumento musical)	फिथाइ /p^{h}it^{h}ai/ (frutos)	X
द	d	Sílaba alveolar sonora não aspirada	दर/dor/	आदा/ada/	बेसाद /besad/ (coisas/Itens)
न	n	Alveolar nasal	नङा/noŋa/ (não)	गनथं/gonthoŋ/ (nariz)	मेगन/megon/ (olho)
फ	ph	bilabial aspirada não sonora stop	फराय/p^{h}oray/ (ler)	गुफुर/gup^{h}ur/ (branco)	X
ब	b	oclusiva bilabial sonora não aspirada	बोदाइ/burai/ (antigo)	दुब्रि/dubri/	गोबाब/gwbab/ (salgado)
म	m	nasal bilabial	मोदाइ/mudai/ (Deus)	गोमो/gumu/ (Amarelo)	रोदोम/rudum/ (crescer)
र	r	Trinado alveolar	रोखा/ruk^{h}a/ (distância)	बोराइ/burai/ (antigo)	हर/hor/ (noite)
ल	*1*	Alveolar lateral	ला/la/ (tomar)	बोलां/bulaŋ/ (puxar)	जोंखोल/zuŋk^{h}ul/ (Brilhante)
ज	Z	denti alveolar fixador	जा/za/	रोजा/ruza	X
स	S	Fricativa alveolar	सान/san/	मोसा/musa/	रेस/res/

ह	h	Fricativa glotal	हर/hor/	दाहार/dahar/	X
य	y	palatal	X	दायना/dayna/	गय/goy/ (noz de urtiga)
व	j	bilabial	X	मेवाइ/ /mejai/	गेव/gev/ (aberto)

Capítulo 4

CORPUS DE DISCURSO BODO

4.0: INTRODUÇÃO:

Um corpus de fala (plural: corpora) é uma base de dados de ficheiros áudio de fala e transcrições de texto num formato que pode ser utilizado para criar modelos acústicos - que podem depois ser utilizados com um motor de reconhecimento de fala. Os conteúdos do corpus de fala são utilizados para apoiar quatro tipos de objectivos de investigação, nomeadamente a investigação no domínio da fala, o reconhecimento automático da fala, o reconhecimento do locutor e a síntese da fala. Do ponto de vista concetual geral, o corpus de fala não é mais do que uma base de dados de fala que consiste não só no sinal de fala, mas também contém os formatos de texto dos ficheiros de ondas correspondentes. Assim, os conteúdos dos corpora têm de ter dois componentes, nomeadamente o texto e a fala, e estão inter-relacionados entre si.

Existem dois tipos de corpora de discurso:

(i) Ler o discurso - que inclui:

* Excertos de livros,
* Notícias de radiodifusão,
* Lista de palavras,
* Sequência de números

(ii) Discurso espontâneo - que inclui:

* Diálogos - entre duas pessoas,
* Narrativas - uma pessoa que conta uma história,
* Tarefas de mapa - uma pessoa explica a outra um percurso num mapa,
* Tarefas de marcação de encontros - duas pessoas tentam encontrar um encontro comum com base nos seus horários individuais.

A criação e gestão de bases de dados de fala bem estruturadas é a principal necessidade para o desenvolvimento de qualquer tecnologia da fala. Além disso, a criação de corpora de fala anotados é uma necessidade para a investigação e o desenvolvimento de tecnologias da fala adequadas. A próxima questão relacionada com o desenvolvimento de tecnologia de fala apropriada é a padronização dos corpora de fala, ou seja, a padronização dos tons locais de acordo com as normas IPA [68]. Ao desenvolver os corpora de fala do Bodo, são tidas em conta as seguintes questões:

(i) Seleção de dialectos (mais utilizados na vida quotidiana).
(ii) Seleção de informadores das zonas rurais e urbanas.
(iii) Será dada a devida atenção à anotação correta.
(iv) Serão feitos esforços para uma demarcação exacta das unidades linguísticas e fonéticas.

Os componentes de texto são armazenados no computador como ***texto Unicode*** e as gravações de voz correspondentes são armazenadas em Modulação de Código de Impulsos (PCM) no formato ***.wav***. As informações armazenadas tanto no formato de texto como no formato de sinal de voz têm o mesmo nome de ficheiro, mas são mantidas em diretórios separados. Para procurar uma determinada palavra ou fonema em toda a base de dados ou corpora, é fornecido um motor de pesquisa. Para localizar informações específicas no contexto associado, é utilizada a navegação **html**. Clicando numa categoria de frase, são apresentadas todas as frases presentes nessa categoria específica do corpus. Ao clicar numa frase, é possível obter várias informações, incluindo a representação IPA, a forma anotada e a tabela de etiquetas para essa frase específica.

A criação da preparação do corpus de discurso envolve várias etapas, tais como :

* Especificação do texto (por palavra, frase e parágrafo)
* Seleção de frases e parágrafos de acordo com as especificações critérios
* Pré-processamento da recolha de texto
* Coleção de texto
* Gravação por altifalantes adequados,
* Anotação ortográfica (mais tarde a nível fonético) para cada frases presentes na divisão por frases e na divisão por parágrafos do corpus

4.1: OBJECTIVO DA CRIAÇÃO DE UM CORPUS DE DISCURSO:

A implicação do discurso não pode ser julgada de um ponto de vista de aplicação particular, ou de um aspeto social particular. Pode ser considerada como a roda do progresso de todos os aspectos e realizações sociais. A fim de realizar e usufruir dos benefícios da comunicação sem barreiras linguísticas, a tecnologia da fala deve ser traduzida em produtos e serviços. O diálogo ancorado na fala entre o homem e a máquina e a interação baseada na fala em línguas locais são algumas das questões centrais no contexto do atual avanço da indústria indiana de TI, que devem ser exploradas e avaliadas através do desenvolvimento da tecnologia baseada na fala e da projeção entre as massas em termos de produtos e serviços através de vocabulários locais.

A necessidade básica e primordial para o desenvolvimento de qualquer tecnologia baseada na fala é a criação e gestão de grandes bases de dados de fala bem estruturadas. Assim, a criação de corpora de fala anotados é uma necessidade para o desenvolvimento de uma tecnologia de fala adequada. O objetivo do presente estudo é desenvolver corpora de fala para a língua Bodo e desenvolver um sistema de reconhecimento por sistema de fala/falante. Foi efectuado um estudo pormenorizado para a determinação do limite sílaba/palavra dos vocabulários Bodo utilizando a informação F0 (Pitch), Intensidade, etc. Os falantes da língua Bodo sofrem grandes variações nas suas emissões tonais, pronúncias e na utilização de dialectos. A língua ainda não atingiu a uniformidade em termos de estrutura, representações fonéticas, morfologia, caraterísticas sintácticas, semânticas e pragmáticas. Para explorar as várias caraterísticas desta língua com base numa plataforma científica e para desfrutar da sua coexistência com outras línguas nacionais da Índia, esta língua deve ser estudada, analisada e realizada em termos de tecnologia adequada e depois traduzida em produtos e serviços. A Figura (4.1) descreve o processo de criação do corpus de fala Bodo.

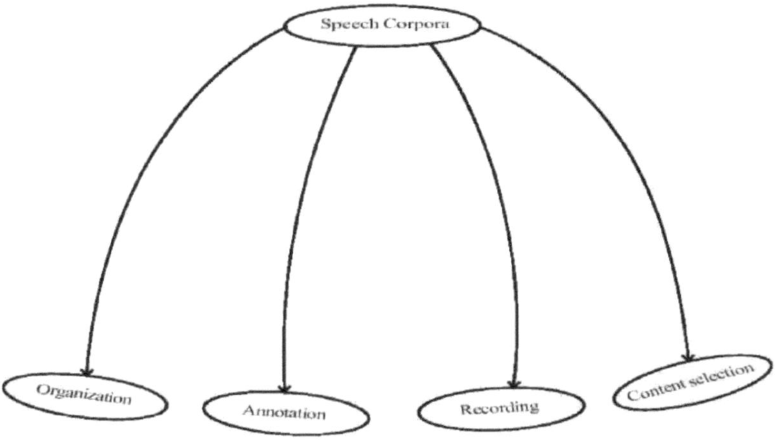

Figura (4.1): Criação de corpora da língua Bodo

4.2: ESTRUTURA DE GESTÃO DE CORPORA:

Cada frase e parágrafo dos corpora tem dois ficheiros associados, um ficheiro para o formato de texto de cada palavra, frase e cada parágrafo e outro para a gravação do sinal de voz correspondente em formato **.wav**. O nome de cada ficheiro é dado através de três campos. Os três campos são os seguintes:

(i) ID do campo,

(ii) ID do altifalante e

(iii) Idade do ID do orador

O ficheiro wave para cada frase/palavra/parágrafo é armazenado sob a forma de **XXYYZZ.wav** e o ficheiro de informação etiquetada sob a forma de **XXYYZZ.tag**,

XX = ID do campo

YY = ID do altifalante

ZZ = Idade do ID do orador

O ficheiro **".tag"** contém informação temporal e símbolos para o fonema, a sílaba, as palavras, a oração/frase e a frase, bem como as partes do discurso de cada palavra. O esquema de gestão dos corpora é apresentado na Figura (4.2).

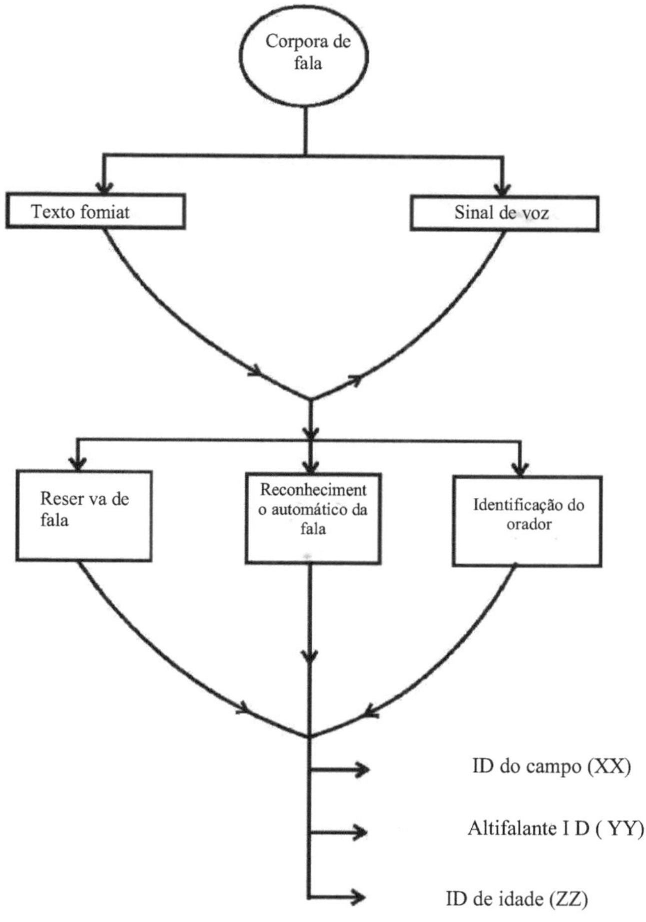

Figura (4.2): Árvore de gestão de corpora para a língua Bodo

4.3: SELECÇÃO DE PALAVRAS, FRASES E PARÁGRAFOS:

A seleção do conteúdo é a parte vital da criação e gestão dos corpora. Ao criar os corpora de fala do Bodo, são seguidas as seguintes regras para a seleção do conteúdo:

(i) A seleção do conjunto de palavras fonéticas será feita em todos os contextos bifónicos e trifónicos

(ii) A seleção de frases prosodicamente representativas (simples, complexas, compostas, afirmativas, interrogativas, imperativas, etc.) será feita em dois modos: **modo de leitura de texto e modo de diálogo.**

(iii) O léxico das palavras faladas com mais frequência será retirado dos jornais/notícias da televisão, etc.

(iv) Serão selecionados parágrafos (25/30 palavras) relativos a acontecimentos sociais, condições meteorológicas, mensagens para as massas comuns sob a forma de notícias.

(v) Para os corpora digitais, serão selecionados os dígitos de (0 a 99), incluindo palavras de denotação, tais como dez, vinte, cinquenta, cem, mil, lacs e core, etc.

As frases são selecionadas a partir de uma grande coleção de textos do jornal Bodo News, de palestras literárias dadas por especialistas linguísticos sobre várias questões sociais e por académicos, abrangendo vários domínios como: Notícias, Desporto, Cultura, Clima, Educação, Ciência, Economia, etc. As restrições impostas ao processo de seleção das frases são as seguintes

(i) Foram excluídas as frases com menos de 3 e mais de 30 pés (palavras)

(ii) Cada frase deve conter pelo menos 2 (dois) elementos prosódicos

(iii) Cada frase deve apresentar variações de entoação e de anotação durante a sua pronúncia.

As diferentes categorias de frases selecionadas são:

* Declaratório,
* Perguntas interrogativas (SIM/NÃO),
* Perguntas complementares ("Quem---"),
* Exclamativo,
* Imperativo

4.4: CLASSIFICAÇÃO E RECOLHA DE DADOS SOBRE A LÍNGUA BODO FALADA:

Os dados relativos à língua falada podem ser classificados com base no seguinte

(i) **Modo de discurso:** Contos, histórias, romances, aulas, palestras, seminários, reuniões, conversas, blogues, aconselhamento, discursos religiosos e políticos, discursos da Nação e canções tradicionais.

(ii) **Meio de registo:** Microfone, microfone multiarray, meio de difusão como a televisão, a rádio, o telefone, os telemóveis, o sistema sem fios, etc.

(iii) **Língua e dialectos:** Volume dos dados de fala do Bodo
Língua e dialectos

(iv) **Dados multimédia:** Os dados do discurso são captados juntamente com informações visuais sobre o orador. Estes dados podem ajudar no estudo da relação entre o discurso e os meios visuais e vice-versa

(v) **Mapeamento dos sons do Bodo para os símbolos IPA:** Os símbolos IPA são amplamente utilizados para indicar a pronúncia correta de uma palavra de qualquer língua. Cada símbolo IPA tem associado um som único, gerado por um mecanismo de articulação vocal pré-definido. Ao juntar os símbolos IPA apropriados, é possível gerar facilmente os sons fonémicos ou fonéticos de qualquer palavra de uma língua. A conformidade e a elegância de uma língua podem ser melhoradas e racionalizadas através do mapeamento adequado e exaustivo de cada palavra no IPA para pronunciar toda essa língua. O seguinte procedimento de mapeamento será seguido na representação IPA dos fonemas do Bodo [68]:

(vi) O som pronunciado de um fonema Bodo será analisado e será encontrada a sua representação simbólica adequada no gráfico IPA.

(vii) Serão feitas tentativas para separar os fonemas Bode de som semelhante, de modo a encontrar os seus lugares apropriados na tabela IPA.

(viii) Como o ritmo e a velocidade de uma língua dependem da tónica e dos pés das palavras, no momento de mapear os sons para o IPA, estas situações serão consideradas.

4.5: RESTRIÇÕES DE REGISTO:

Os dados de fala foram recolhidos junto de falantes nativos da língua Bodo que se sentiam à vontade a falar e a ler a língua. Para a gravação do corpus, foram escolhidos seis indivíduos do sexo feminino, com idades compreendidas entre os 20 e os 35 anos, e seis indivíduos do sexo masculino, com idades compreendidas entre os 20 e os 35 anos, cujo talento vocal era agradável, com boa qualidade de voz e com experiência profissional de gravação. A gravação decorreu frase a frase. Os locutores foram instruídos a ler essas frases com naturalidade, mas sem emoções e sem qualquer expressividade. Foi-lhes pedido que falassem claramente e que mantivessem o ritmo e o volume de voz normais.

Para manter a coerência das gravações, tanto em termos fonéticos como prosódicos (no quadro da prosódia simbólica), dois peritos em fonética acústica supervisionaram as gravações. As suas funções consistiam em verificar a coerência da gravação e também a coerência da qualidade da voz e da pronúncia do locutor. A duração média da sessão de gravação foi de cerca de 4 horas, o que resultou em cerca de 12 sessões de gravação. Todas estas caraterísticas Prosódia, Anotação, Entonação, Política de etiquetagem para parte do discurso, Etiquetagem das línguas Bodo foram tidas em conta ao selecionar as frases e ao gravar em seguida.

4.6: CONDIÇÃO DE REGISTO TÉCNICO:

Para a descrição das condições técnicas de gravação, são necessárias informações sobre os microfones utilizados, o dispositivo de gravação, a frequência de amostragem, os bits por amostra, a codificação, a distância do orador ao microfone, a solicitação, a duração e o volume.

Microfone: *Microfone* Sure dinâmico com resposta de frequência 80Hz-20 kHz

Dispositivo de gravação: Anfitrião Intel Pentium IV com som CARD, pré-amplificador UNISOUND MV 100 definido para +20dB

Número de canais de registo: 10

Colocação e distância do(s) microfone(s): 8 polegadas, o local e a distância dos microfones mantêm-se inalterados durante as gravações ou de sessão para sessão para todos os oradores

Software de gravação: Cool Edit Pro

Frequência de amostragem0nc:22,050 Hz

Resolução: 16 bits (PCM)

Outras considerações para os oradores:

As seguintes entidades/atributos são incorporados nos corpora:

Língua materna do falante: Bodo

Segunda língua do falante: Assamês

Língua materna dos pais: Bodo

Segunda língua dos pais: Assamês

Local da escola primária: Kokrajhar, Udualguri, Baska

(Todas são zonas de domínio Bodo)

Especialidade de dialeto: Os dialectos são diferentes. Além disso, as pronúncias variam consoante os falantes. Para eliminar estas duas variações, segue-se uma normalização geral dos enunciados, seguindo a normalização IPA.

Nível de estudos: Mestrado (em literatura Bodo)

Fumador/não fumador: Não fumador

Estado da audição: Normal

4.7: CONFIGURAÇÃO EXPERIMENTAL:

A gravação da fala para o presente estudo é feita no domínio digital, utilizando uma placa de som suplementar para PC e o software de gravação disponível CoolEditPro com um microfone dinâmico "shure". A configuração da gravação é feita de acordo com o esquema seguinte:

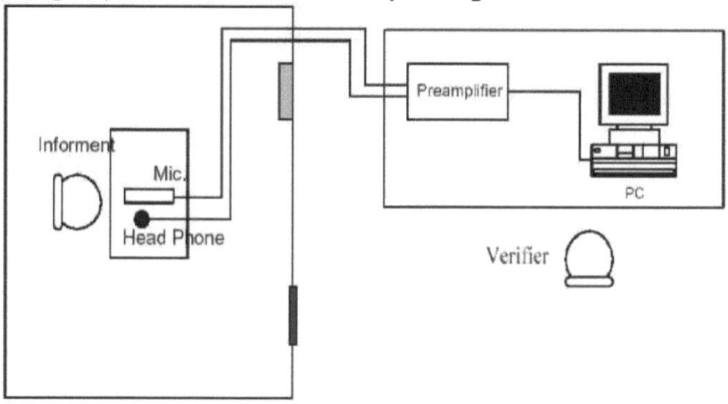

Figura (4.3): Diagrama esquemático da configuração do hardware do estúdio de fala

4.8: FERRAMENTAS UTILIZADAS NO PRESENTE ESTUDO:

4.8.1: Hardware de registo: Para a gravação da base de dados é utilizado um microfone dinâmico Sure com uma resposta de frequência de 20Hz-20 kHz. O anfitrião Intel Pentium IV com placa de som é ligado ao microfone através de um pré-amplificador UNISOUND de MV 100 regulado para +20dB de 10 canais. Um microfone funciona convertendo a pressão sonora numa tensão variável. Existem dois tipos básicos de microfones: omnidirecional e unidirecional. Neste estudo, é utilizado um microfone unidirecional com impedância de 2,0KOhm, potência máxima de entrada de 0,4watt e sensibilidade de -58d(0 dB=1V/Pa a 1Kz).

Software de gravação: O CoolEditPro é utilizado como software de gravação.

Conjunto de ferramentas utilizado para a anotação de corpus de fala: PRAAT

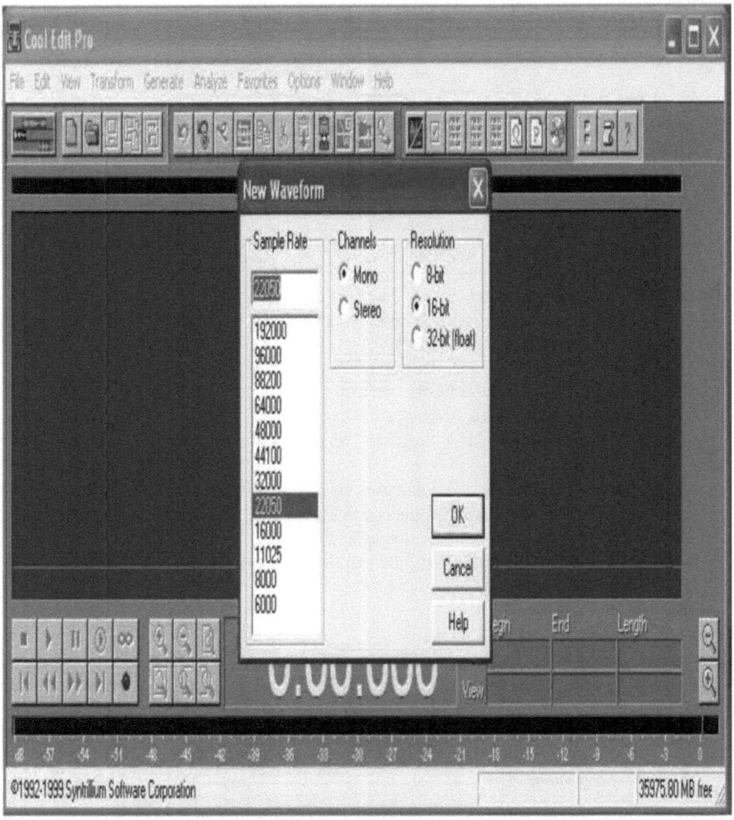

Figura 4.4 Formato de registo do corpus de discurso Bodo

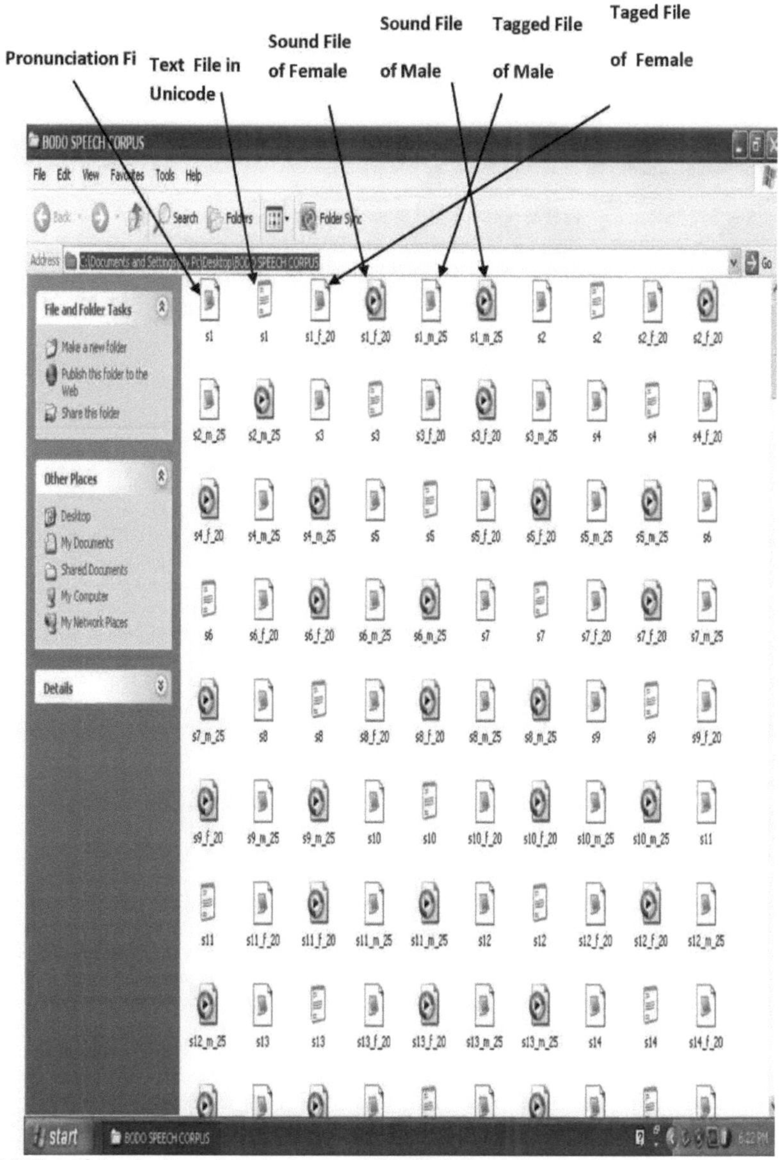

Figura 4.5 Vista típica da disposição do corpus de fala Bodo (para dois oradores: um homem e uma mulher)

Capítulo 5

ANOTAÇÃO DO CORPUS SPECCH

5.0: INTRODUÇÃO:

A criação e gestão de bases de dados de fala bem estruturadas é a necessidade básica para o desenvolvimento de qualquer tecnologia da fala. A criação de corpora de fala anotados é essencial para a investigação e o desenvolvimento de tecnologias da fala adequadas. Outra questão importante relacionada com o desenvolvimento de tecnologias da fala adequadas é a normalização dos corpora da fala, ou seja, a normalização dos tons locais de acordo com as normas da IPA.

A anotação tem um papel importante na gestão de todos os corpora de fala. A anotação representa a correspondência entre os sinais de fala e as suas representações linguísticas.

Os corpora de fala gravados serão etiquetados ou anotados tanto em relação a critérios linguísticos como acústicos. A etiquetagem acústica será efectuada em relação a:

* Fonemas.
* Sílaba.
* Partes do discurso.
* Demarcação da frase e da oração no som espectros.

O sinal de voz será armazenado no formato de ficheiro "**.wav**" juntamente com o ficheiro de informação de etiqueta com a extensão "**.tag**" [68].

Na maioria dos sistemas TTS (Text to Speech) e de reconhecimento e síntese de fala/falante, os corpora de fala são criados em primeiro lugar. Os corpora assim criados são depois sujeitos a anotação seguindo algumas políticas de etiquetagem. Os corpora anotados são depois utilizados no sistema de reorganização/síntese da fala. Neste caso, estamos a formular e a criar um corpus de fala anotado para a língua Bodo. O corpus anotado é depois utilizado para a verificação do discurso/falante e para a identificação dos informadores Bodo. Através das frases foneticamente equilibradas da língua Bodo presentes no corpus de fala, foi feita uma tentativa de conceber um modelo de técnica de marcação anotada para a língua Bodo. Para conhecer a correspondência entre os sinais de fala e as suas representações linguísticas a nível ortográfico (e mais tarde a nível fonético), é necessária a anotação ortográfica de cada frase gravada. Uma anotação muito precisa é muito importante para a síntese de fala baseada em corpus, onde a anotação serve de base para a indexação de grandes inventários de unidades de fala, e qualquer anotação incorrecta causa frequentemente falhas na síntese de fala, o processo anotado.

5.1: ANOTAÇÃO DA FRASE DO DISCURSO:

A informação está incorporada num sinal. O discurso é um tipo de sinal que também contém informação. Ao analisar a informação contida no discurso através de um sistema informático, os investigadores estão a fazer investigação para realizar várias tarefas. No domínio da investigação da fala, especialmente na síntese da fala e na investigação de conversão de texto em fala, a forma textual da fala deve conter o máximo de informação possível, uma vez que esse formato de texto funciona como entrada para o ciclo de processamento desse tipo de domínios de investigação. A anotação do discurso é um método através do qual a informação sobre a sílaba, a palavra, a parte do discurso, a frase/cláusula, o tempo de duração da pronúncia, etc., pode ser encontrada seguindo uma técnica específica [69]. A técnica específica utilizada na anotação de uma frase do discurso é designada por técnica de etiquetagem [69].

5.2: TÉCNICA DE MARCAÇÃO:

O sinal de fala é produzido através das emissões do locutor. A forma textual das frases não representa as caraterísticas anotativas do trato vocal ou das pregas vocais. Por outro lado, o som da fala correspondente a uma palavra ou a uma frase representa as caraterísticas das cordas vocais do locutor e muitas outras caraterísticas que compreendem tanto o locutor como a fala. A representação textual não pode conter a informação correta sobre a sílaba, a palavra, a frase, a parte do discurso, a duração dos enunciados, etc. A etiquetagem de uma frase inclui toda a informação necessária para converter um formato de texto num formato sonoro. Assim, no âmbito do TTS, a conceção do modelo de etiquetagem é considerada um dos desafios fundamentais e mais importantes.

Etiquetar significa identificar a sílaba, a palavra, a parte do discurso, a frase/cláusula, etc. presentes numa frase. Se quisermos conceber um modelo de etiquetagem de uma língua, devemos ter uma noção clara do seguinte:

5.2.1. SENTENÇA: Para criar um modelo de etiquetagem, a frase actua como a base sobre a qual assenta o edifício da etiquetagem. Uma frase é um grupo de palavras que faz todo o sentido [70,71,72].

As frases são compostas por palavras dispostas numa determinada ordem [70,71,72], e isto é conhecido como a gramática de uma língua. Por exemplo, tomemos uma frase Bodo - "RaAmaA saAse mwzaAng p^h oraAisaA" (Ram é um bom rapaz) - que contém quatro palavras. Aqui, todas as palavras estão dispostas numa ordem particular ou sistemática e, como resultado, obtemos uma frase com sentido.

5.2.2. PALAVRA: As palavras são as combinações de um ou mais fonemas. A sua forma estrutural pode ser em V, C, VV, CC, VC, CV, VVC, CCV, CVC, VCV, VCVC, CVCV, VVCC, CCVV. Mas deve ter um significado. Na palavra "Rama", há quatro fonemas, ou seja, r- a-m-a na forma CVCV e na palavra "p^h oraisa", há sete fonemas p^h -o-r-a-i-s-a na *forma CVCVVCV.*

5.2.3. SÍLABA: A técnica de silabificação de uma palavra é a sílaba. Uma sílaba é uma parte da pronúncia que é maior do que um fonema e mais pequena do que uma palavra. Dependendo do nível de tom (ascendente e descendente) de uma palavra, esta pode ser dividida. Pode haver alguns tons diferentes no caso de pronúncia contínua de uma palavra, e a sílaba numa palavra nasce então. Se a diferença de tom não existir durante a pronúncia de toda a palavra, a produção da sílaba é considerada no final da palavra. Ou seja, a sílaba está diretamente relacionada com a emissão das palavras. Se não houver diferença de tom na enunciação de uma palavra, então há uma sílaba nessa palavra, ou se houver, digamos, duas diferenças de tom na enunciação de uma palavra, então três sílabas estão presentes na palavra correspondente.

5.2.4. PARTE DO DISCURSO: Uma frase é uma combinação de diferentes palavras. Os grupos de palavras com significado resultam numa frase [70, 71, 72]. Os grupos de palavras são representados por diferentes partes, tais como substantivo, pronome, verbo, advérbio, adjetivo, preposição, conjunção e interjeição. Assim, estes oito tipos de palavras são referidos como parte do discurso.

(i) NOUN: O substantivo é um elemento da classe gramatical. Tem um papel importante numa frase. Um substantivo é uma palavra utilizada como nome de uma pessoa, de um lugar ou de uma coisa. Tradicionalmente, os substantivos dividem-se em cinco classes: substantivo próprio, substantivo comum, substantivo coletivo, substantivo material e substantivo abstrato.

(ii) PRONOME: Um pronome é uma palavra usada em vez de um sintagma nominal para nos ajudar a evitar a repetição do mesmo substantivo vezes sem conta. Há muitos tipos de pronomes: pronomes pessoais, pronomes possessivos, pronomes reflexivos, pronomes enfáticos, pronomes demonstrativos, pronomes indefinidos, pronomes distributivos, pronomes recíprocos, pronomes interrogativos, pronomes relativos e pronomes quantificadores.

(iii) VERBO: Um verbo é uma palavra que diz, conta ou afirma algo sobre uma pessoa, um lugar ou uma coisa. Os verbos podem ser classificados das seguintes formas: Verbos transitivos e intransitivos, verbos regulares e verbos irregulares, verbos fortes e verbos fracos, verbos principais ou nocionais e verbos auxiliares, verbos finitos e verbos não finitos.

(iv) ADVERBO: Um advérbio é uma palavra que modifica o significado de um verbo, de um adjetivo ou de outro advérbio. De acordo com o seu significado, os advérbios dividem-se nos seguintes tipos Advérbios simples ou adverbiais de lugar, advérbios simples ou adverbiais de tempo, advérbios de modo, advérbios de grau, advérbios de número ou frequência, advérbios de afirmação e negação, advérbios de razão, objetivo ou consequência, advérbios interrogativos e advérbios relativos.

(v) ADJECTIVO: Um adjetivo é a palavra que descreve ou nos diz a qualidade de um substantivo ou de um pronome. Podem ser -grande, pequeno, bom, cama, baixo, alto, ou qualidade, etc. Na língua boro, o adjetivo pode ser classificado em três tipos: adjetivo de qualidade ou adjetivo descritivo, adjetivo de quantidade e adjetivo de número.

(vi) PREPOSIÇÃO: Uma preposição é uma palavra que é normalmente colocada antes de um substantivo ou frase nominal ou de um pronome que é o seu objeto, ou de qualquer outra palavra na frase para indicar a relação do objeto ou pessoa denotada por ela com algo ou alguém. A preposição pode ser classificada nas seguintes classes: Preposição simples, Preposição complexa, Preposição dupla, Preposição composta, Preposição de partícula, Preposição de frase.

(vii) CONJUNÇÃO: Uma conjunção é uma palavra que junta frases, expressões, cláusulas e palavras. Existem três tipos principais de conjunções: conjunções coordenativas (e, mas, para, ou, nem, também, etc.), conjunções subordinativas (depois, porque, se, que, embora, até, antes, a menos que, onde, quando, enquanto, etc.) e conjunções correlativas (ou... ou, nem... nem, ambos... e embora... ainda, se... ou, não só... mas também, como logo....as, etc.).

(viii) INTERJECÇÃO: Uma interjeição é uma palavra utilizada para exprimir um sentimento ou uma emoção (por exemplo, Ah, oh, ugh, etc.).

Tabela (5.1): Os códigos utilizados para a parte do discurso na etiquetagem do Bodo

Os corpora de discurso são:

Símbolos utilizados	**Descrição**
AJ	Adjetivo
AT	Artigos
AV	Advérbio
CN	Conjunção de coordenação
NC	Substantivo comum
NN1	Singular Substantivo comum
NN2	Plural Substantivo comum
NP	Substantivo próprio
RP	Pronome
PRF	(OF)
PRP	Preposição
VBI	(be)
VM	Verbo finito principal
VD	Pretérito perfeito do léxico verbo
VG	(ing) forma de verbo lexical

VN	Passado - forma de partícula do verbo lexical
VI	Verbo intransitivo
VT	Verbo transitivo
IJ	Interjeição

5.3: POLÍTICA DE MARCAÇÃO:

As anotações em corpora anotados prosodicamente seguem tipicamente palavras-chave descritivas amplamente aceites para a prosódia. Normalmente, apenas as entoações mais proeminentes são anotadas, em vez da entoação de cada sílaba. No desenvolvimento do Bodo Speech Corpus, as seguintes são utilizados na etiquetagem:

Tabela (5. 2): Marcas de marcação

Descrição das etiquetas	**Símbolo**
Telefone	**De acordo com as etiquetas de representação fonética da fala (ou seja, PASCII)**
Sílaba	" ^ "
Palavra	" / "
Frase/Cláusula	" , "
Partes do discurso	**De acordo com a identificação de etiquetas para partes do discurso**

Na anotação de uma frase, seguindo a política de etiquetagem, temos de determinar o limite da palavra da frase e o limite da sílaba nas palavras da frase, identificar corretamente a parte do discurso e descobrir o momento da emissão ao nível do fonema, da sílaba ou da palavra.

5.4: DETECÇÃO DO LIMITE DA PALAVRA E DO LIMITE DA SÍLABA:

No caso do reconhecimento contínuo da fala, um dos problemas mais graves é a deteção dos limites das palavras e das sílabas. O reconhecimento do discurso contínuo baseia-se na precisão da deteção dos limites das palavras e das sílabas. Para o modelo de anotação por etiquetagem, a deteção dos limites das palavras e das sílabas é obrigatória. Do mesmo modo, a deteção dos limites das palavras numa frase e a deteção das sílabas numa palavra são outros parâmetros importantes para o desenvolvimento do modelo de anotação. Na anotação de frases, a deteção de sílabas presentes na frase é muito importante. Para uma língua, se se tentar desenvolver um modelo de anotação, a identificação da sílaba nas palavras e a identificação das palavras na frase são essenciais[69]. Enquanto os ouvintes estão a reconhecer palavras a partir do fluxo de fala ligado, estão também a analisar informações a partir da entoação e do contorno do acento. A naturalidade da saída da fala sintetizada depende da caraterística suprassegmental do sinal de fala; principalmente a variação do tom, a variação da duração silábica, a variação da amplitude, etc. Estes parâmetros de contorno podem conter pistas para as fronteiras das palavras, especialmente se uma língua tiver tons de fronteira. No presente estudo, investigou-se até que ponto a subida ou descida do pitch no início e no fim de uma palavra ou frase seria útil como potencial limite de palavra e até que ponto a subida ou descida da intensidade dentro de uma palavra seria útil como potencial pista de limite de sílaba para um ouvinte, no presente contexto, o ouvinte Bodo.

No presente estudo, foi proposto um método para a deteção dos limites das palavras e um método para a deteção dos limites das sílabas em sinais de fala contínua para a língua nativa Bodo. A variação do tom entre as palavras de uma frase conduz ao padrão de entoação de uma língua. A entoação é definida como a perceção da subida e descida do valor do pitch (Fo) ao longo de uma frase. Neste estudo, verificou-se que existe uma tendência geral para diminuir o valor do pitch (Fo) do início para o fim das frases declarativas do Bodo. Este facto está de acordo com a proposta de Lieberman (1967) e Vaissiere (1983), que também se verifica em línguas como o inglês, o francês e o francês.
espanhol, etc. O contorno de tom e o contorno de amplitude do sinal de voz ajudam a detetar o limite da palavra numa frase, e o contorno de intensidade do sinal de voz ajuda a detetar o limite da sílaba numa palavra a partir do sinal de voz contínuo.

5.4.1. PORMENORES EXPERIMENTAIS:

A análise das palavras inteiras e das frases (foneticamente equilibradas) presentes no corpus de fala Bodo com a ajuda do **Cool Edit Pro, do PRAAT** e do **Matlab7.1** é efectuada de acordo com os seguintes procedimentos

1º passo: Ler o ficheiro **.wav** do corpus de fala correspondente a uma frase e descobrir a representação espetral da frase. Tomemos como exemplo uma frase típica da língua Bodo, que reflecte os procedimentos adoptados para a deteção da fronteira da palavra e da sílaba. A frase é-mAjziyA **mej mej gAbw**

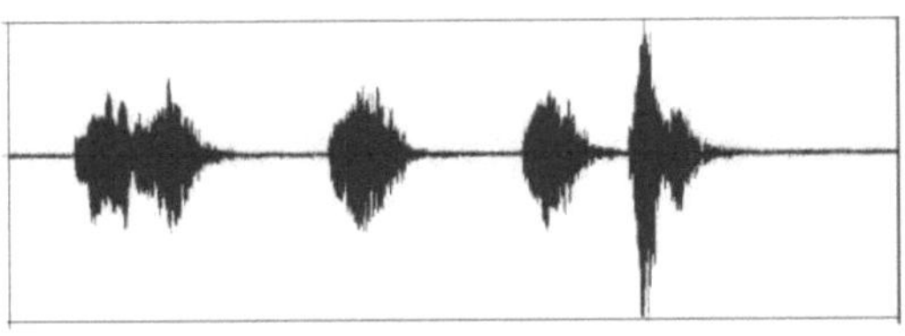

Figura (5.1): Representação espetral de *mAjziyA mej mej gAbw*

2nd step : Descubra o contorno do tom e da intensidade da onda de fala, como se mostra de seguida:

(i) Contorno de altura: A figura (5.2) representa o contorno de tom correspondente da frase:

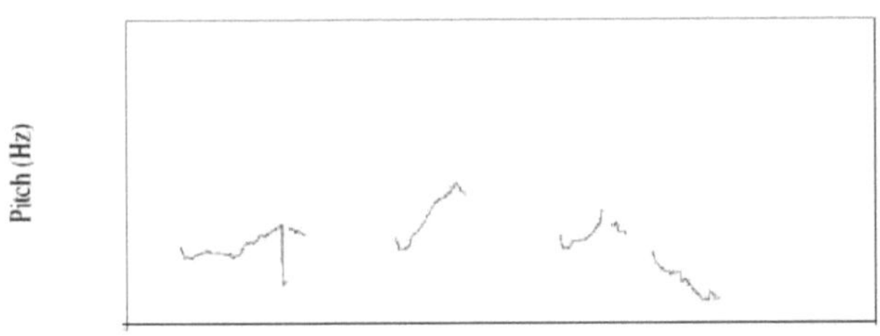

Figura (5.2): Contorno de altura de *mAjziyA mej mej gAbw*

(ii) Contorno de intensidade: A figura (5.3) representa o contorno de intensidade correspondente da frase:

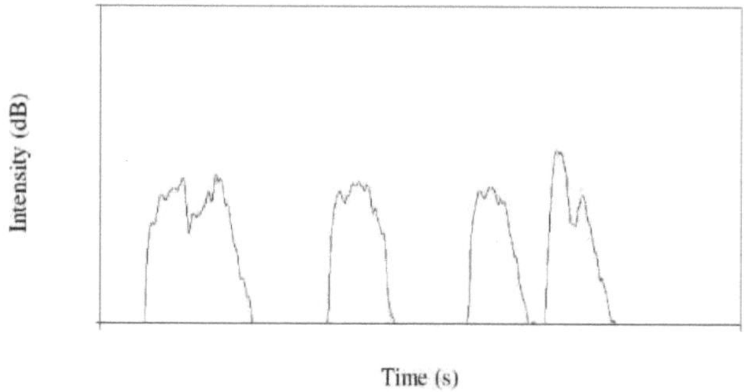

Figura (5.3): Contorno de intensidade de *mAjziyA mej mej gAbw*

3rd step: Representação simultânea da curva de pitch e de intensidade do sinal de fala, como se mostra de seguida:

(i) Contorno de altura e espectros de onda:

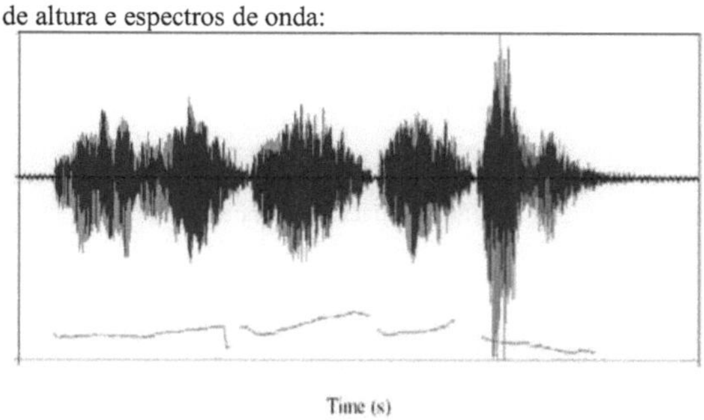

Figura (5.4-a): Contorno de altura e espectros de onda de *mAjziyA mej mej gAbw*

(ii) Contorno de intensidade e espectros de onda:

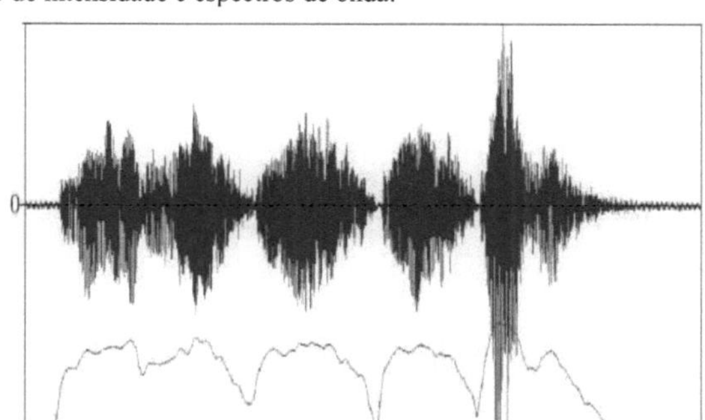

Figura (5.4-b): Contorno de intensidade e espectros de onda de *mAjziyA mej mej gAbw*

4th step: Determinação do BOUNDARY da PALAVRA através da informação do Pitch:

A partir do Passo 3(i) da Figura (5.4-a), observa-se que existe uma descontinuidade no contorno do tom. Mais uma vez, uma frase não é mais do que uma combinação de palavras (com significado). Para se obter o significado correto da frase proferida, é preciso pronunciar corretamente a palavra na frase. No caso de se pronunciarem palavras diferentes com significados diferentes, as vibrações das cordas vocais são diferentes [73]. Uma vez que a taxa de vibração é designada por pitch, o pitch de palavras diferentes é obviamente diferente. Assim, a descontinuidade no contorno do pitch pode ajudar-nos a determinar o limite de uma palavra [68, 69]. Numa frase, observa-se, a partir do estudo de frases completas no corpus de fala, que, na maioria dos casos, um contorno de pitch contínuo representa a enunciação de uma palavra, como se mostra a seguir como exemplo:

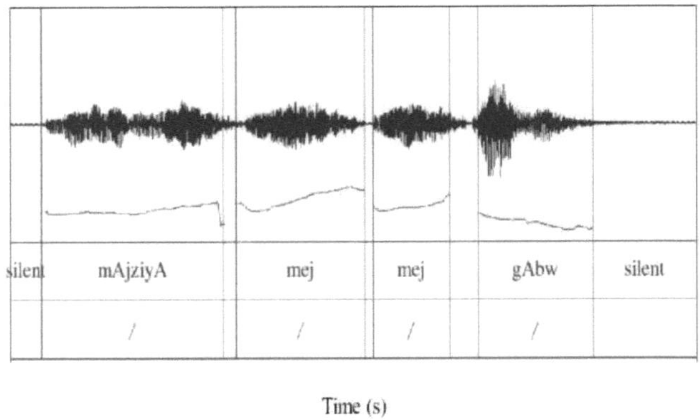

Figura (5.5): Determinação do limite da palavra presente na onda espectros da frase " mAjziyA mej mej gAbw" utilizando o Pitch Contour

Os limites da palavra após a deteção foram verificados com a ajuda do CoolEdit Pro e, na maioria dos casos, obtivemos o resultado correto.

Tabela (5.3): Parâmetros do Pitch Contour para a deteção de limites de palavras

Contorno	**Valor no ponto inicial do contorno (Hz) (P1)**	**Valor no ponto de rotura do contorno (Hz) (P2)**	**P1-P2**	**Palavra Limite**
1st Contorno	179.9	130.1	+49.8	/
2nd Contorno	208.7	258.9	-50.2	/
3rd Contorno	198.6	238.2	-39.6	/

4.o Contorno	172	108.8	+63.2	/

A diferença dos valores de pitch numa palavra mostra que numa palavra há uma subida e uma descida (diferença de pitch positiva) ou uma descida e uma subida
(Diferença negativa de altura) do valor de altura. Este valor de altura ascendente-descendente corresponde à subida-descida da melodia dos enunciados.

É de referir que, nalguns casos (como se mostra na Figura (5.5-a)), pode não haver um intervalo distinto entre dois contornos, como se mostra no exemplo anterior (Figura (5.4)), mas tem de haver uma subida significativa nos contornos (uma vez que as emissões de palavras diferentes têm vibrações diferentes nas cordas vocais):

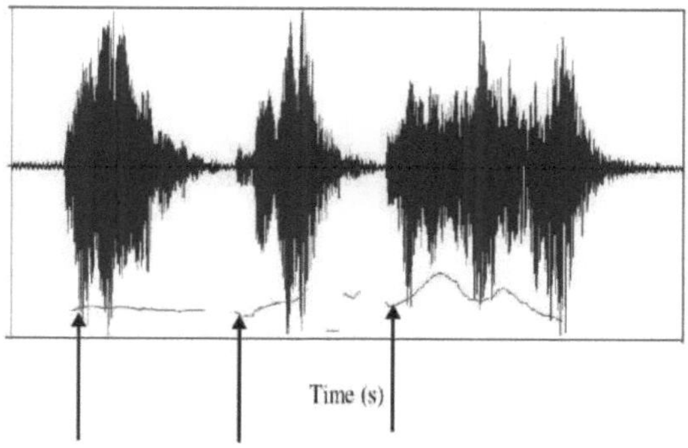

1st pitch contour 2nd pitch contour 3rd pitch contour

Figura (5.5-a) : Representação gráfica de outra frase em que há três contornos de altura sem descontinuidade. (Frase: Ayo biyw mA mA mujA)

Aqui, o contorno 3rd é composto por três palavras. Mas os intervalos distintos entre as palavras (tal como acontece entre os contornos 1st e 2nd que representam as palavras 1st e 2nd da frase) estão ausentes. Se for observado com atenção, podem ver-se três números de subidas e descidas no contorno de altura (3rd), que representam três palavras, como se mostra na figura (5.6) abaixo, com marcas de setas: (ou seja, o número total de contadores de altura é cinco, representando cinco palavras)

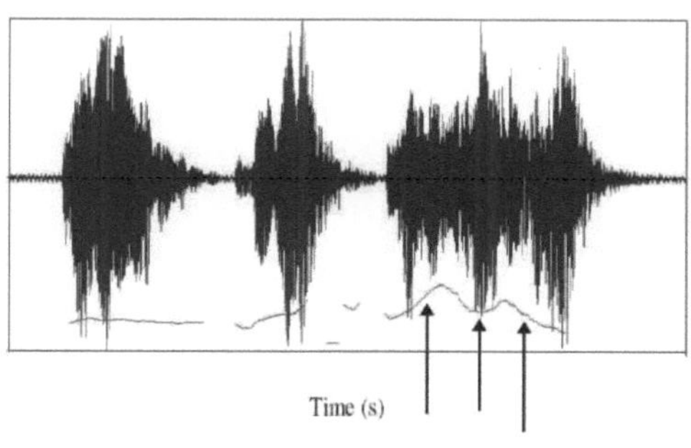

3rd pitch contour

Figura (5.6): Há três tempos de subida e descida num contorno de altura (3rd) (Frase: Ayo biyw mA mA mujA)

Em seguida, o limite da palavra pode ser determinado como se mostra abaixo:

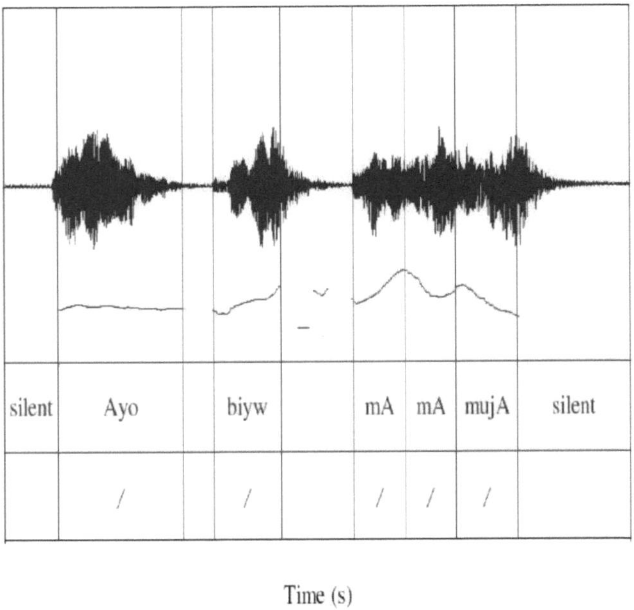

Figura 5.7 Determinação do limite da palavra presente nos espectros de onda da frase "Ayo biyw mA mA mujA" utilizando o Pitch Contour

Tabela (5.4): Parâmetros do Pitch Contour para a deteção de limites de palavras

Contorno	**Valor no ponto inicial do contorno (Hz) (Pl)**	**Valor no ponto de rotura do contorno (Hz) (P2)**	**P1-P2**	**Palavra Limite**
1st Contorno	167.6	171.6	4.00	/
■^nd Contorno	164.6	244.2	-79.6	/
^rd Contorno	200	297.6	97.6	/
4.o Contorno	297.6	232.S	64.S	/

5th contorno	232. S	139.4	93.4	/

Aqui, um ponto importante é que, uma vez que os intervalos de palavras ou períodos de silêncio estão ausentes entre 3rd, 4th, 5th contador de passos, então o valor do ponto final do contorno 3rd será o mesmo que o do ponto inicial do contorno 4th. Da mesma forma, o valor do ponto final do contorno 4th será o mesmo que o do ponto de partida do 5° contorno.

Definimos duas medidas para testar a exatidão da deteção da fronteira da palavra com referência à caraterística pitch, nomeadamente a ***taxa de acerto*** e ***a taxa falsa***. A ***taxa de acerto*** dá a percentagem de fronteiras de palavras corretamente detectadas e a ***taxa falsa*** especifica a percentagem de erro na fronteira de palavras. São definidas da seguinte forma:

$$hit\ rate = \frac{Number\ of\ Word\ Boundary\ correctly\ detected}{Number\ of\ Word\ Boundary\ present\ in\ the\ sentence},\ \text{and}$$

$$false\ rate = \frac{Number\ of\ Word\ Boundary\ wrongly\ detected}{Number\ of\ Word\ Boundary\ present\ in\ the\ sentence}$$

A tabela seguinte mostra o resultado para os dez oradores (este estudo foi realizado por dez oradores, tendo cada orador proferido a totalidade das 1000 frases presentes no corpus de fala)

Tabela (5.5): Resultado da deteção do limite da palavra usando o Pitch Contour:

ORADOR	taxa de acerto	taxa falsa
1	**85%**	**15%**
2	**88%**	**12%**
3	**86%**	**14%**
4	**90%**	**10%**
5	**94%**	**6%**
6	**93%**	**10%**
7	**90%**	**10%**
8	**90%**	**10%**
9	**90%**	**10%**
10	**89%**	**11%**

5th step: Determinação do LIMITE DO SÍLABO através do contorno de Pitch:

A sílaba é definida como as unidades ou secções em que as palavras são divididas quando são pronunciadas [70, 71]. Se houver presença de sílaba numa palavra, deve haver subida e descida de tom dentro da palavra quando pronunciada [69, 72]. Mais uma vez, observa-se que a mudança de melodia na enunciação de uma palavra pode ser muito pequena, e o contorno de Pitch não é muito sensível a essa pequena mudança de subida e descida de melodia na enunciação de uma palavra, como se mostra na Figura (5.5), Figura (5.7). Um outro exemplo típico que reflecte a fraca sensibilidade do contorno de Pitch à mudança de melodia dentro da palavra é dado a seguir:

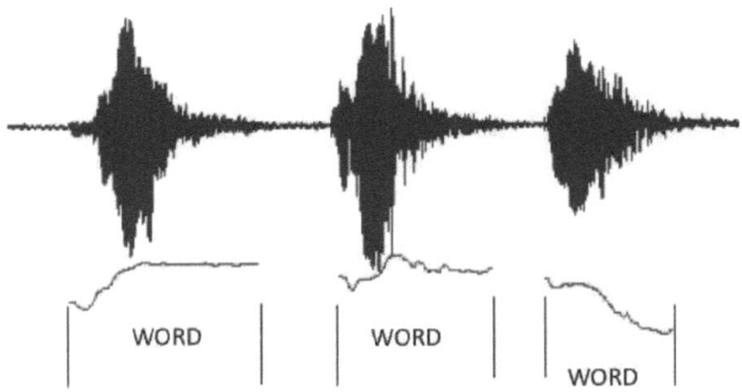

Figura 5.8: Contorno de altura (frase: gord grod lung)

Nestes casos, a determinação do limite da sílaba numa palavra utilizando a informação do pitch pode não ser muito fiável, como mostra a Tabela (5.6). Aqui,

$$hit\ rate = \frac{Number\ of\ Syllable\ Boundary\ correctly\ detected}{Number\ of\ syllable\ Boundary\ present\ in\ the\ words\ of\ a\ sentence}$$

e

$$false\ rate = \frac{Number\ of\ Syllable\ Boundary\ worngly\ detected}{Number\ of\ syllable\ Boundary\ present\ in\ the\ words\ of\ a\ sentence}$$

A tabela seguinte mostra o resultado para os mesmos oradores que proferem a mesma base de dados.

Tabela (5.6): Resultado da deteção da fronteira da sílaba usando o contorno do pitch:

ORADOR	taxa de acerto	taxa falsa
1	25%	75%
2	17%	83%
3	30%	70%
4	22%	78%
5	35%	65%
6	38%	62%
7	25%	75%
8	27%	73%
9	21%.	79%.
10	30%	70%

6th step: Determinação do LIMITE DA PALAVRA através da informação sobre a intensidade:

No passo 3(ii), a representação simultânea do contorno de intensidade e de um espetro de onda de uma frase típica do Bodo é mostrada na Figura (5.4-b). A partir do passo 3 (ii), observa-se que há uma subida e uma descida do contorno de intensidade não só após o intervalo de uma palavra na frase, mas também dentro da emissão de uma palavra, como se indica a seguir:

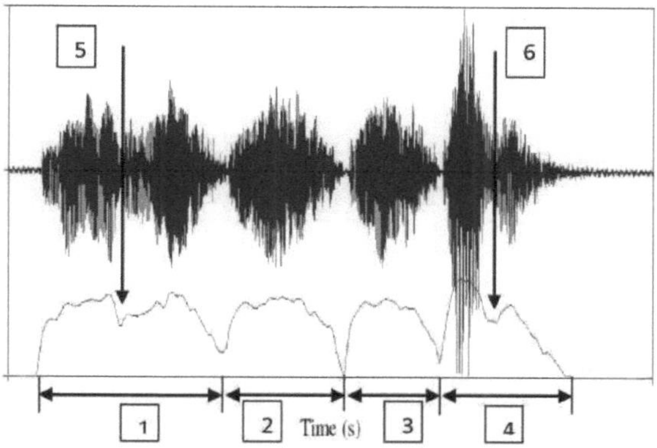

Figura 5.9Existem subidas e descidas de tom ao nível da palavra (Indicado pelas casas 5 e 6) (Sentença: mAjziyA mej mej gAbw)

Na figura acima: **Bloco1, 2, 3, 4** = Limite de palavra esperado

Bloco 5 e 6 = Aumento e diminuição significativos do tom dentro de uma palavra

Esta natureza particular do contorno de intensidade é observada em quase todas as frases e palavras presentes no corpus de fala. O contorno de intensidade é muito sensível à subida e à descida do tom da palavra. Embora a mudança de tom na enunciação de uma palavra seja muito pequena, o contorno de intensidade mostra uma boa resposta a essas pequenas mudanças de tom ao nível da palavra, como se pode ver na figura (5.9). Assim, se se tentar determinar a fronteira da palavra com referência ao contorno de intensidade e à informação recebida desse tipo de contorno, a determinação exacta da fronteira da palavra pode ser enganadora e confusa [67,72]. A Tabela (5.7) apresenta os maus resultados obtidos no estudo da deteção da fronteira da palavra utilizando o contorno de intensidade:

Tabela (5.7): Resultado da deteção do limite da palavra utilizando o contorno de intensidade:

ORADOR	taxa de acerto	taxa falsa
1	**10%**	**90%**
2	**7%**	**93%**
3	**12%**	**88%**
4	**8%**	**92%**
5	**5%**	**95%**
6	**3%.**	**97%**
7	**5%**	**95%**
8	**7%**	**93%**
9	**10%**	**90%**
10	**7%.**	**93%**

onde

$$hit\ rate = \frac{\textit{Number of Word Boundary correctly detected}}{\textit{Number of Word Boundary present in the sentence}}$$

e

$$false\ rate = \frac{\textit{Number of Word Boundary wrongly detected}}{\textit{Number of Word Boundary present in the sentence}}$$

Por outro lado, uma vez que se sabe agora que pode haver alguns tons diferentes no caso de enunciados contínuos de uma palavra, a palavra pode ser considerada como ilhas de sílabas fragmentadas [69,74]. Mais uma vez, o contorno de intensidade é capaz de fornecer informações sobre a variação de tom dentro da palavra, pelo que, dependendo da mudança de tom (subida e descida) de uma palavra, é possível detetar o limite presente numa palavra.

Por conseguinte, para determinar a sílaba, ou seja, o limite no enunciado do nível da palavra, pode ser utilizado o contorno de intensidade, tal como explicado na etapa 7th .

7th step: Determinação do LIMITE DO SÍLABO através do contorno de intensidade:

Quando ocorre uma diferença de tom no enunciado de uma palavra, nota-se uma descontinuidade considerável ou uma queda nos espectros de intensidade, como se explica no passo 5. A perturbação no tom contínuo é claramente significativa se houver uma fronteira de palavra, e na fronteira de sílaba pode ser claramente significativa ou não. O contorno de intensidade é muito sensível a diferenças de tom muito pequenas. Por conseguinte, ao identificar o local de subida e descida, ou seja, as perturbações nos espectros de intensidade contínua numa palavra, é fácil detetar a posição do limite da sílaba nessa palavra, como mostra a figura (5.10) abaixo:

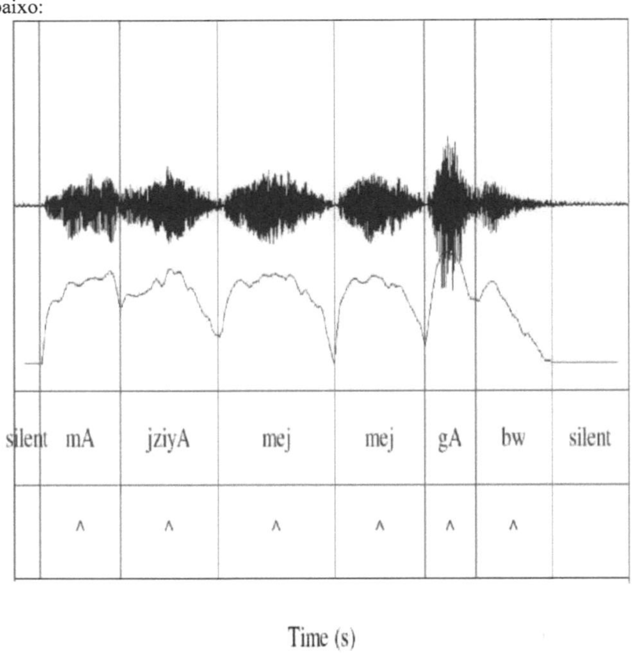

Figura 5.10 Determinação do limite da sílaba presente nos espectros de onda da frase " *mAjziyA mej mej gAbw*" utilizando o Contorno de Intensidade

Table (5(8) Parâmetros de contorno de intensidade para deteção de limites de palavras

Valor no ponto inicial do 1º tom (dB)	50
Valor no ponto de rutura do 1º tom (dB)	65.01
Valor no ponto inicial de 2nd tom(dB)	65.01
Valor no ponto de rutura de 2nd tom(dB)	56.97
Valor no ponto inicial do 3º tom (dB)	56.97
Valor no ponto de rutura do 3º tom (dB)	50
Valor no ponto inicial do 4º tom (dB)	50
Valor no ponto inicial de 4th tom(dB)	54.15
Valor no ponto inicial de 5th tom(dB)	54.15
Valor no ponto inicial de 5th tom(dB)	65.76
Valor no ponto inicial de 6th tom(dB)	65.76
Valor no ponto inicial de 6th tom(dB)	50

Aqui, numa palavra, o ponto final de 1st tom é o mesmo que o ponto inicial do tom conjugativo seguinte. E do ponto inicial ao ponto final de um tom dentro de uma palavra é considerado o limite de uma sílaba. Após a verificação desta silabificação com a ajuda do CoolEditPro, os resultados são considerados quase corretos. A Tabela (5.9) mostra a exatidão do resultado da deteção de sílabas utilizando o Contorno de Intensidade:

Table (5(9) : Resultado da deteção da palavra Syllable Boundary utilizando Contorno de intensidade:

ORADOR	taxa de acerto	taxa falsa

1	**92%**	**8%**
2	**87 %■**	**13%**
3	**92%**	**8%**
4	**88%**	**12%**
5	**95%**	**5%**
6	**93%**	**7%**
7	**91%**	**9%**
8	**89%**	**11%**
9	**91%**	**9%**
10	**95%**	**5%**

onde

$$hit\ rate = \frac{\text{Number of Syllable Boundary correctly detected}}{\text{Number of Syllableord Boundary present in words of the sentence}}$$

e

$$false\ \ rate = \frac{\text{Number of Syllable Boundary worngly detected}}{\text{Number of Syllableord Boundary present in words of the sentence}}$$

5.4.2: Discussão:

A partir do presente estudo, observa-se que o contorno do pitch dá um sinal claro da subida e descida das emissões de uma palavra numa frase. Assim, através do contorno de altura, a diferença entre duas palavras numa frase pode ser claramente identificada na língua Bodo, mas a informação para a identificação da sílaba dentro da palavra não é distinta. O contorno de intensidade dá um sinal claro da subida e da descida dos enunciados numa palavra de uma frase. Assim, a informação recebida do contorno de intensidade pode ser utilizada para identificar a sílaba.

5.5: FRASE ANOTADA EM FORMA DE DISCURSO:

Após a deteção do limite da palavra e do limite da sílaba, pode proceder-se à conceção de um modelo de anotação completo para uma frase [69].

O modelo de anotação contém informações sobre os limites das palavras numa frase de discurso conituoso, sobre os limites das sílabas presentes na palavra de uma frase e sobre a parte do discurso (POS), como mostra a figura (5.11). A tabela de etiquetagem é uma combinação de informações sobre os limites das palavras e das sílabas, juntamente com o POS, em formato tabular, como se mostra na Tabela (5.10). A informação sobre a duração do tempo necessário para proferir cada fonema de uma frase também está disponível na tabela de etiquetagem.

Um formato típico de um modelo de anotação completo (na Figura (5.11)) e

O formato da tabela de etiquetagem (no quadro 5.10) é apresentado a seguir:

<u>MODELO DE ANOTAÇÃO</u>:

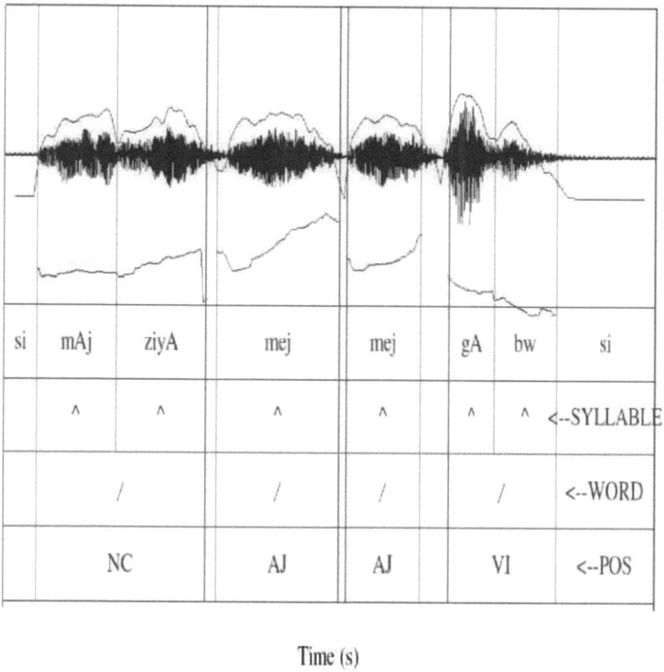

Figura (5.11): Forma anotada dos espectros de onda correspondentes à frase "*mAjziyA mej mej gAbw*"

Para a deteção do contorno da palavra é utilizado o contorno de pitch e para a deteção do contorno da sílaba é utilizado o contorno de intensidade. A parte do discurso (POS) é determinada utilizando o conhecimento da informação linguística. A duração dos enunciados ao nível dos fonemas é determinada utilizando o conjunto de ferramentas de cálculo do tempo do PRAAT. Toda a informação obtida a partir da Figura (5.10) pode ser organizada seguindo a política de etiquetagem apresentada na Tabela (5.10):

Quadro (5.10) : FORMATO DA ETIQUETAGEM:

Desvio de tempo (mseg)	**FONEME**	**SYIXABLE**	**PALAVRA**	**POS**
0. 1 14	Si	#	#	#
0.1387	em	#	#	#
0.3 140	A	#	#	#
0.4577	**J**		#	#
0.4959	z	#	#	#
0.537 1	i	#	#	#
0.6477	y	#	#	#
0.8304	A		/	NC
0.8791	em	#	#	#
1. 1226	e	#	#	#

1.3808	j		/	A.I
1.4149	em	#	#	#
1.5464	e	#	#	#
1.7 145	j	'■'5	/	AT
1.8241	ê	#	#	#
2.0043	A		#	#
2.03 1 1	b	#	#	#
2.2698	w	'■'5	/	VI
2.3456	Si	#	#	#

Alguns exemplos típicos de análise da fronteira sílaba/palavra do discurso (frase) Bodo são apresentados a seguir:

(i) <u>Sentença:</u> *bong bong thAng*

<u>Modelo de Anotação:</u>

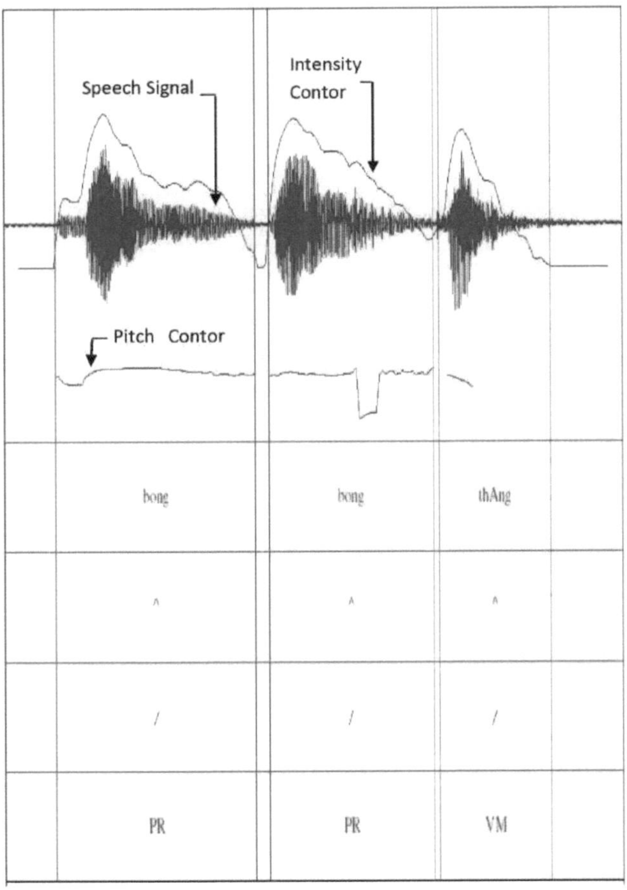

Desvio de tempo (mseg)	PHONEM E	SYLLABL E	PALAVRA	POS
0.3671	Si	#	#	#
0.1629	b	#	#	#
0.2461	0	#	#	#
0.3565	ng	A	/	RP
0.7998	b	#	#	#
0.8202	0	#	#	#
0.9696	ng	A	/	RP
1.3093	t^h	#	#	#
1.3382	A	#	#	#
1.3993	ng	A	/	VM
1.4214	Si	#	#	#

Tabela de marcação:

(ii) **Frase :** ***dAjkhAya gA gAgabw***

Modelo de Anotação:

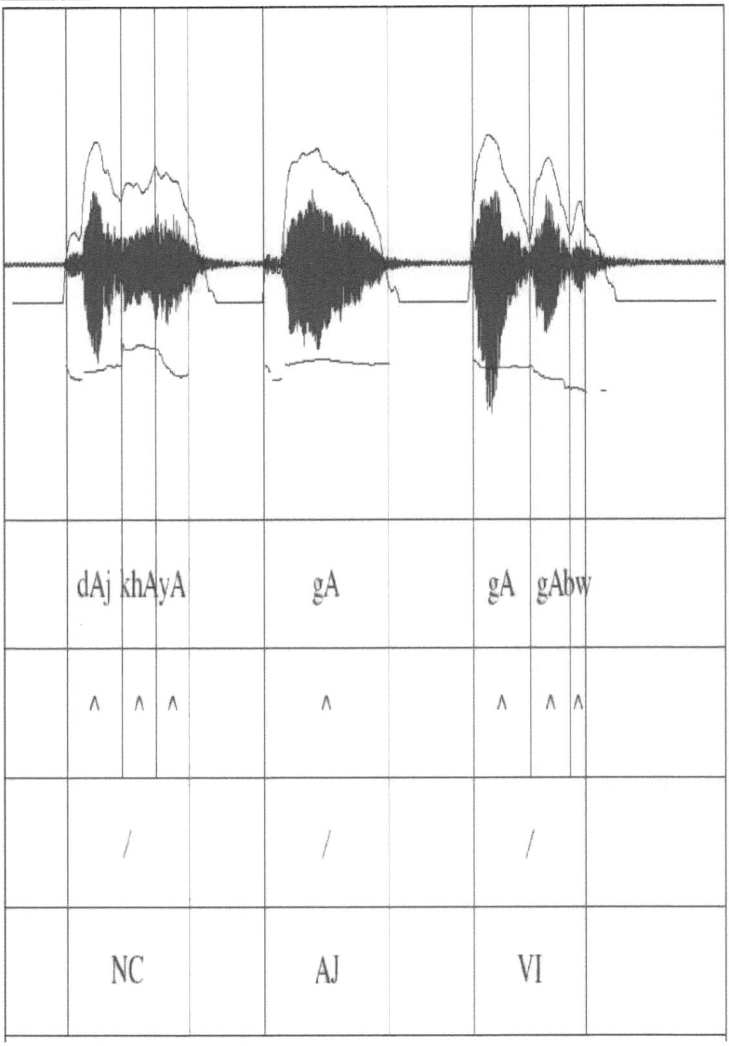

Desvio de tempo (msec)	PHONEME	SINALIZÁVEL	PALAVRA	POS
0.3125	si	#	#	#

0.4167	d	#	#	#
0.5545	A	#	#	#
0.7 IOS	j	A	#	#
0.9304	h k	#	#	#
1.0198	A	#	#	#
1.9793	y	#	#	#
1.1724	A	A	*i*	NC
2.0136	s	#	#	#
2.2742	A	A	*l*	AJ
2.9070	g	#	#	#
3.04S5	A	A	#	#
3.1564	g	#		#
3.2457	A	A	#	#
3.3165	b	#	#	#
3.3611	w	A	*i*	VI
3.5100	si	#	#	#

5.6: Observações : A partir da análise do corpus de fala Bodo, seguindo os procedimentos mostrados nos exemplos acima, os vocabulários Bodo parecem obedecer às seguintes regras no processo de silabificação:

(i) Se uma palavra for constituída por um fonema, a palavra será designada por uma sílaba, e uma palavra silábica deve ter apenas um fonema vogal. Uma só consoante não pode formar uma palavra.

(ii) Se uma palavra for constituída por dois fonemas, a palavra será referida como uma sílaba. A palavra deve estar na forma CV, VC e VV. Se a palavra começar com vogal, a forma da palavra deve ser em VC ou VV. E se a palavra começa com consoante, a palavra está no formato CV.

(iii) Se uma palavra for constituída por três fonemas, a palavra será referida como duas silábicas e uma silábica em relação ao fonema inicial.

(a) Se uma palavra é constituída por três fonemas que começam por vogal, existem duas sílabas. As sílabas são formadas pelo formato de um fonema e pela combinação de dois fonemas. A 1st sílaba será formada apenas por um fonema, e as restantes sílabas serão formadas pela combinação de outros dois fonemas.

(b) Mas, se a palavra começa com uma consoante, então a palavra tem apenas uma sílaba.

(iv) Se uma palavra for constituída por quatro fonemas, a palavra será designada por duas sílabas.

(a) Se a palavra começar por uma vogal, as sílabas serão formadas por um fonema e três fonemas ou por dois ou dois fonemas.

(b) Se a palavra começar com uma consoante, as sílabas terão o formato de dois ou dois fonemas.

(v) Se uma palavra for constituída por cinco fonemas, a palavra será designada por duas sílabas.

(a) Se a palavra começar por uma vogal, as sílabas serão do tipo dois-três ou três-dois fonemas.

(b) Se a palavra começar com uma consoante, as sílabas terão uma estrutura de dois-três ou três-dois fonemas.

(vi) Se uma palavra for constituída por seis fonemas, a palavra será designada por duas ou três sílabas.

(a) Se a palavra começar por uma vogal, as sílabas apresentar-se-ão no modelo dois-dois-dois ou um-dois-três fonemas.

(b) Se a palavra começar com uma consoante, as sílabas terão uma estrutura de dois-quatro ou três-três fonemas.

(vii) Se uma palavra for constituída por sete fonemas, a palavra será designada por duas ou três sílabas.

(a) Se a palavra começar com vogal, então a palavra é bissilábica e as sílabas serão do tipo um-três-três ou dois-dois-três fonemas.

(b) Se a palavra começar com uma consoante, a palavra pode ser tanto de duas como de três sílabas, e as sílabas terão uma estrutura de três-quatro ou de dois-dois-três fonemas.

(viii) E se a palavra consistir em oito ou mais de oito fonemas, observa-se que a quantidade de tom ascendente e descendente dos enunciados não é fixa.

Mais uma vez, na língua Bodo, a maior parte das palavras úteis é constituída, no máximo, por sete fonemas, que são conhecidos como **palavras de raiz**. No caso de palavras com mais de sete fonemas, observa-se que estas palavras estão sempre associadas a alguns **classificadores** adicionais, **sufixos e marcadores de tempo verbal, etc**. Assim, no presente procedimento de etiquetagem, as palavras com mais de sete fonemas são etiquetadas tratando a(s) palavra(s) de raiz com um tamanho máximo de (até) sete fonemas, seguindo as regras acima mencionadas. A parte adicional (**classificadores, sufixos e marcadores de tempo verbal, etc.)** é novamente sujeita ao mesmo conjunto de regras, preservando separadamente a sintaxe e a semântica da(s) mesma(s) palavra(s) de raiz. Estes resultados são explicados pelo seguinte diagrama de blocos, Figura (5.12).

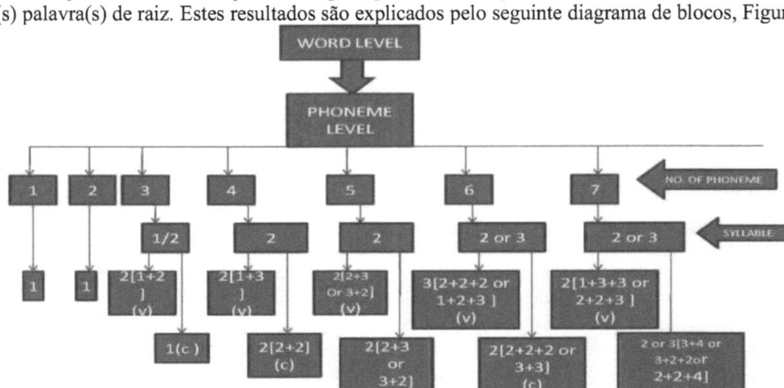

Figura (5.12): Representação em bloco de palavras Bodo divididas em sílabas seguindo as regras indicadas.

REFERÊNCIAS

Varshney R.L., "An Introductory Text Book of Linguistics & Fonética", Loja do Estudante, Bareilly, **1995**
Abercrombie D., "Elements of General Phonetics", Edinburg University Press, **1967** página 35
Patanjali, Mahabhasya
Jones Daniel, "An Outline of English Phonetics", 8th Edition, Cambridge, **1965**
Rabiner, L.R. e Schafer, R. W., "Digital Processing of Speech Signals", Englewood Clifts, N. J. Prentice Hill, **1978**
Joseph W. Picone, "Signal Modeling Techniques in Speech Recognition"; Proc. of the IEEE, Vol. 81, No. 9 Sept.**1993**
Rabiner, L.R. e Gold.B., "Teoria e aplicação de Digital Signal Processing", Englewood Cliffs, N.J. Prentice Hill, **1975**
Markel, J. D. e Gray Jr., A.H.; "Linear Prediction of Speech", Springer. Verlag, **1976**
Atal, B.S. e Hanaur, S.L.; "Speech Analysis and Synthesis by Linear Prediction of the Speech Wave", J. Acoustic, BOC. Am. 50 (2), 637- 655, Aug. **1971**
K.H. Davis, R. Bddulph, e S. Balashek, "Automatic Recognition of Spoken Digits",J. Acoust. Soc. Am., Vol 24, No. 6, pp. 627-642, **1952**
H.F. Olson e H. Belar, "Phonetic Typewriter", J. Acoust. Soc. Am., Vol.28, No. 6, pp. 1072-1081, **1956**
J. Suzuki e K. Nakata, "Recognition of Japanese Vowels - Preliminary to the Recognition of Speech", J. Radio Res. Lab, Vol. 37,No. 8,pp. 193-212,**1961**
J. Sakai e S. Doshita, "The Phonetic Typewriter", Information Processing 1962, Proc. IFIP Congress, Munique, **1962**
K. Nagata,Y. Kato,e S. Chiba, "Reconhecedor de dígitos falados para a língua japonesa",NEC Res. Develop.,No. 6,**1963**
T.B. Martin,A.L. Nelson,e H.J. Zadell, "Speech Recognition by Feature Abstraction Techniques", Tech. Relatório AL-TDR-64-176, Laboratório de Aviónica da Força Aérea, **1964**
T.K. Vintsyuk, "Speech Discrimination by Dynamic Programming", Kibernetika, Vol. 4, No. 2, pp. 81-88, Jan.-Fev., **1968**
Reddy, D.R. "An Introduction to Computer Speech Recognition by Analysis of the Speech Wave", Tech. Relatório técnico n.º C549, Departamento de Informática da Universidade de Stanford, setembro **de 1966**
Itakura,F. , "Minimum Prediction Residual Applied to Speech Recognition", IEEE Trans. Acoustic, Speech, Signal Proc., and ASSP-23(1):67-72,Feb. **1975**
Sakoe, H. e Chiba, S.; "Algoritmo de programação dinâmica Otimização para o reconhecimento de palavras faladas", IEEE Tranc. Acoustics, Speech, Signal Proc. ASSP-26(1): 43-49, Fev.**1978**
Velichko, V.M. e Zagoruyko, "Automatic Recognition of 200 Words," Int. J.Man Machine Studies, 2:223, junho **de 1970**
Niranjan M. e Fallside F., "Neural Network and Radial Basis Functions in Classifying Static Speech Pattern", Computer Speech and Language, Vol. 4, No. 3, PP. 275-289, **1990**
Devi, Basanti. "Comprimento das vogais em assamês", Acústico Studies in Languages editado por B.B. Rajapurohit, Central Institute India Mysore **1984**.
Talukdar, P.H., Bhattacharjee, U., Goswami, C.K. e Barman, J., "Measure Boro Vowels through LPC Analysis", J. of Computer Society of India, Vol. 34, No. 1, Jan.**2004**
Roberts, S. e Everson, R., "Componente independente Analysis: Principles and Practice", Cambridge University Press, ISBN 0521 79298 3 capa dura, Primeira publicação em **2001**
Awasthy, N., Saini, J.P., e Chauhan, D. S., "Spectral análise da fala : A new Technique", International Journal of Signal Processing Volume 2 Number 1, **2006**

Potamitis, L., Fakotakis, N., e Kokkinakis, G.,
"Análise de componentes independentes aplicada à extração de caraterísticas para o reconhecimento automático robusto da fala", Electronics Lett., vol. 36, n.º 23, pp 1977-1978, **2000**
Jang, G., Yun, S., Oh Y., "Feature vetor transformation
utilizando a análise de componentes independentes e a sua aplicação à identificação de altifalantes. Proc. Da EUROSPEECH, pp. 767 - 770, **1999**
Lee, J.H., Jung, H. Y., Lee, T. W., e Lee, S. Y., "Speech
extração de caraterísticas utilizando a análise de componentes independentes", IEEE, **2000**
Jung, H. Y., Park, M., Kim, H. R., e Hahn, M., "Speaker
adaption using ICA-based feature transformation", revista ETRI, Volume 24, Número 6, dezembro **de 2002**
Hyvarinen, A., "Uma família de algoritmos de ponto fixo para
análise de componentes independentes", Proc. do ICASSP, pp. 3917- 3920, **1997**
Blaschke, Wiskott, L., "CuBICA: Componente independente
análise por diagonalização simultânea de cumulantes de terceira e quarta ordem, "IEEE Trans. on Signal Processing, vol. 52, no.3, pp 1250 - 1256, **2004**
Herault,J. e Jutten,C, "Space or time adaptive signal
processing by neural network models. "In Denker J.S.(ed),editor,Neural network for computing",AIP conference proceedings 151,New York. Instituto Americano de Física, **1986**
Lee,J.H. Y.,Lee, T.W., e Lee,S.Y., "Speech features
extração usando análise de componentes independentes", IEEE,**2000**
Watrous,R.,Reconhecimento de fala usando o método conexionista
Networks", Tese de Doutoramento, Universidade da Pensilvânia, **1988**
Waibel,A.,Hanazawa,T.,Hinton,G.,Shikano,K.,e Lang,K.,
"Phoneme Recognition Using Time-Delay Neural Networks",IEEE Trans. On Acoustics,Speech,and Signal Processing,37(3),March 1989.Originalmente publicado como Relatório técnico TR-1-0006, ATR Interpreting Telephony Research Laboratories, Japão, **1987**
Haykin, S., *Neural Networks - A Comprehensive*
Foundation", 2.ª ed. Prentice-Hall, Englewood Cliffs, **1998**
Funahashi, K., "On the approximate realization of continuous
mappings by neural networks", *Neural Networks*, 2(3):183- 192, **1989**
Hornik, K., Stinchcombe, M. e White, H., "Multilayer
feedforward networks are universal approximators", *Neural Networks*, 2(5):359-366, **1989**
Hochreiter, S. e Schmidhuber, J., "Extração de caraterísticas
através do LOCOCODE", *Neural Computation*, 11(3):679-714, **1999**
Box, G.E.P., Jenkins, G.M., Reinsel, G.C., "Time
Series Analysis-Forecasting and Control", 3ª Edição, Englewood Cliffs, NJ, Prentice-Hall, **1994**
Zeidenberg, M., "Neural Network Models in Artificial
Intelligence", E. Horwood, Londres, **1990**
Elman J.L. e Zipser D., "Learning the Hidden Structure of
Speech" Journal of Acoustic Society of America, Vol. 38, No.4, pp. 1615-1626, abril **de 1988**
Lippmann, R.P., e Gold, B., "Neural-net Classification
Useful for Speech Recognition", Proceedings of the 1st International Conference on Neural Network, Vol. 4, PP. 417 - 425, San Diego, EUA, **1987**
Kamm, C.A., Streeter, L.A., Kane-Esrig, Y. e Burr, D.J.,
"Comparing Performance of Spectral Distance Measures and Neural Network Methods for Vowel Recognition", Computer Speech and Language, Vol. 13, No. 1, PP. 21-34, **1989**
Liu, L.C., Lee, L.M. e Wang, H.S., "Layered Neural
Network Applied to the Recognition of Voiceless Unaspirated Stops", Proceedings of 1990 IEEE I nternational Symposium on Circuits and Systems, Vol. 1, PP. 464 - 467, **1990**
Zadeh L., "Fuzzy Sets, Fuzzy Logic, Fuzzy Systems", World
Scientific Press, ISBN 9810224214, **1996**
Talukdar, P. H., Bhattacharjee, U., Goswami, C. K. , Barman,
J., "Cepstral Measure of Boro Vowels through LPC- Analysis", Journal of the CSI, Vol. 34 No 1, Jan - Mar, **2004**
Truax,B.,Editor. Manual de Ecologia Acústica, A.C.R.

Publicação, Vancouver, **1978**
Denes, P. B., e Pinson, E. N., "The Speech Chain: O
Physics and Biology of Spoken Language", Anchor PressDoubleday, Garden City, Nova Iorque, **1973**
Pickett, J. M., "The Sounds of Speech Communication", Pro-
Ed, Inc. Austin, TX, **1980**
Pinker, S., "The Language Instinct: How the Mind Creates
Language", Harper Perennial, Nova Iorque, **1995**
Stevens, K.N.; "Acoustics Phonetics", The MIT Press,
Cambridge MA, **1998**
Kundu, P.K.; "Fluid Mechanics", Academic Press, New
York, **1990**
Arther, C. Guyton, "Text book of Medical Psychology", Oito
edição, **1991**
Graw hill, Mc; "Encyclopedia for Science and Technology",
2002
Rabiner, L.R. e Jung, B.H.; "Fundamental of Speech
Reconhecimento", Prentice- Hall, **1993**
Crystal David, "Um primeiro dicionário de linguística e
Fonética", The Language Library, **2000**
Medhi, K., "Assamese Grammar and Origin of the Assamese
language", Publication Board Assam, **1988**
Howell, G., "Soul of India", PP. 28
Greeson, Dr., "Encyclopedia Britanica", Vol - XIV, PP. 487
Rapson, "Ancient India", PP- 9 e 10
Rabiner,L. e Juang,B.," Fundamentals of Speech
Recognitions",Prentice Hall,New Jersey,ISBNO-13-015157- 2,**1993**
Davis, K.H., Biddulph, R. e Balashek, S., Automatic
Recognition of Spoken Digits",J. Acoust Soc. Am.,24(6):637- 642,**1952**
Olson,H.F. e Belar,H., "Phonetic Typewriter",J. Acoust
Soc.Am,28(6):1072-1081,**1956**
Boro,M.R.," A estrutura Boro - Uma análise fonológica e
Análise gramatical", Priyadini
Publicações,Hajo,Kamrup(Assam),Segunda **Impressão-2001**
Goswami,S.N., "Studies in Sino-Tibetan Language",Publicado
por Mandira Goswami, Guwahati, **1988**
Boro,M.R.," Assamese and Boro,A Comparative and
Estudo Contrastivo", Priyadini
Publicações, Hajo, Kamrup (Assam), **1990**
Um relatório técnico do CDAC-Kolkat, Annotated Speech
Desenvolvimento de corpora em língua indígena, **2009**
IWSLPR (International Workshop On Spoken Language)
Prosódia-2009,CDAC-Kolkata
Barua. H., ,Asomiya Biyakaran,**1859**
Medhi, K., "Assamese Grammar and Origin of the Assamese
language", Publication Board Assam, **1988**
G.V. Rao Ramana,J. Srichand, "Deteção de limites de palavras
using Pitch Variation", Department of Computer Sc. E Engenharia , IIT, Madras, 2 de maio **de 1996**
Rabiner, L. e Juang, B., "Fundamentals of Speech Recognitions", Prentice Hall, New Jersey,
ISBN 0 - 13 - 015157 - 2, **1993**

MIX
Papier aus verantwortungsvollen Quellen
Paper from responsible sources
FSC® C105338

Printed by Books on Demand GmbH, Norderstedt / Germany